数学非智力因素研究

编著 张淑敏　尕藏才让　张冬莉
　　　 杜　文　王　煜

陕西师范大学出版总社　西安

图书代号　ZZ24N0707

图书在版编目(CIP)数据

数学非智力因素研究／张淑敏等编著. —西安：陕西师范大学出版总社有限公司, 2024.6
　ISBN 978-7-5695-4424-4

Ⅰ.①数… Ⅱ.①张… Ⅲ.①中学数学课—教学研究 Ⅳ.①G633.602

中国国家版本馆 CIP 数据核字(2024)第 111781 号

数学非智力因素研究

张淑敏　尕藏才让　张冬莉　杜　文　王　煜　编著

特约编辑	杨杰燊
责任编辑	王东升
责任校对	钱　栩
封面设计	金定华
出版发行	陕西师范大学出版总社 (西安市长安南路 199 号　邮编 710062)
网　　址	http://www.snupg.com
印　　刷	西安报业传媒集团
开　　本	787 mm×1092 mm　1/16
印　　张	7.75
字　　数	185 千
版　　次	2024 年 6 月第 1 版
印　　次	2024 年 6 月第 1 次印刷
书　　号	ISBN 978-7-5695-4424-4
定　　价	47.00 元

读者购书、书店添货或发现印装质量问题，请与本社高等教育出版中心联系。
电话:(029)85303622(传真)　85307864

前言

非智力因素作为影响学生学习和发展的重要因素,在教育学和心理学领域愈发受到研究者的重视。数学非智力因素主要包括动机、兴趣、情绪情感、态度、意志、性格等,对学生的数学学习起着重要的作用。在新课标、新课改的背景下,重视对学生数学非智力因素特征现状的调查,开展系统分析与研究,不仅需要了解其特征表现,还需探讨其内部运行机制,这对提高学生数学学习成效、落实减负政策有着不可估量的作用。

本书以中学生为研究对象,从多个方面进行了数学非智力因素的关系研究以及理论与实践的探究。

本书的成稿历经了长期的打磨与修正,力求从数据的呈现中突出中学生数学学习非智力因素特征的现状,重点阐释了数学非智力因素之间的影响与联系,体现了学术性、实践性与操作性。笔者作为高校教师,在数学教育教学过程中,尤其体会到数学非智力因素对于中学生数学学习成效的影响与重要性,并且这种影响是由内到外、由浅入深的过程。中学生的数学非智力因素,例如内隐的自我效能感、时间自我、心理弹性等与外显的数学学习投入、数学学业情绪、数学学习压力应对方式等之间存在着不可分割的联系。正是通过一步步地学习、探索与实践,才有了呈现在读者眼前的这本《数学非智力因素研究》。

在此,感谢天津师范大学王光明教授在我们团队的理论探究过程中给予的指点与帮助。感谢北京师范大学曹一鸣教授在章节撰写过程中给予的很多十分受教的建议与想法。感谢南京师范大学喻平教授,他的点拨使我们受益匪浅。感谢浙江师范大学张维忠教授,他不仅在数学教育领域造诣极深,文字功力也令人十分敬佩。张维忠教授在专业知识上也多次进行指导,帮助我们克服了不少创作上的困难。感谢每一位在学术领域为我们团队提供知识与技术补给的前辈与学者，没有他们的支持与帮助，也不会有充分的底层设计支撑本书的架构。

本书由张淑敏、尕藏才让、张冬莉、杜文、王煜确定内容框架，锁培博撰写第1章，史涵宇撰写第2章，杨杰燊撰写第3章，周逸飞撰写第4章，刘琳撰写第5章，郑宗伟撰写第6章，周小芬撰写第7章，周星晨撰写第8章、陈玉梅撰写第9章，封雅诗撰写第10章，侯连红撰写第11章。锁培博、史涵宇、杨杰燊、周逸飞、刘琳、郑宗伟、周小芬、周星晨、陈玉梅、封雅诗、侯连红参与数据内容的整理与章节内容的修订，郭凯、杨杰燊、锁培博、刘琳、郑宗伟、周星晨、王攀、张国峰、张晨、刘文婕参与书稿的校对与修正。

我们团队竭尽所能为读者呈现有关数学非智力因素研究的新学术视野，但仍存在不尽如人意之处，希望广大读者在不断探索数学非智力因素理念的同时，能提炼并总结更多更好的经验与成果，激励我们团队继续进行深入的实践探究。也希望同行不吝批评与指正。

王 煜

2024 年 4 月

Contents 目录

第 1 章　数学品格和价值观、数学学习自我监控能力的关系研究 ·················· 1

　1.1　数学品格和价值观、数学学习自我监控能力的相关性研究 ········ 1

　1.2　数学品格和价值观、数学学习自我监控能力的回归分析 ··········· 4

第 2 章　数学自我效能感、数学学习投入、数学学业成绩的关系研究 ················· 10

　2.1　数学自我效能感与数学学业成绩的关系 ········ 10

　2.2　数学学习投入与数学学业成绩的关系 ········ 13

　2.3　数学学习投入与数学自我效能感的关系 ········ 17

第 3 章　数学逆商、数学元认知的关系研究 ················ 24

　3.1　数学逆商、数学元认知的相关性研究 ················ 24

　3.2　数学逆商、数学元认知的回归分析 ················ 26

第 4 章　数学学业情绪、数学时间自我、数学学业成绩的关系研究 ················ 32

　4.1　数学学业情绪、数学时间自我的相关性研究 ················ 32

　4.2　数学学业情绪维度下的因子、数学学业成绩的回归分析 ·········· 35

　4.3　数学时间自我维度下的因子、数学学业成绩的回归分析 ·········· 38

4.4 数学学业情绪、数学时间自我维度下的因子、数学学业成绩的回归分析 …… 41

第5章 数学焦虑、数学学习策略的关系研究 …… 43
5.1 数学焦虑、数学学习策略的相关性研究 …… 43
5.2 数学焦虑、数学学习策略的回归分析 …… 45

第6章 数学学习心理弹性、数学学习压力应对方式的关系研究 …… 49
6.1 数学学习心理弹性、数学学习压力应对方式的相关性研究 …… 49
6.2 数学学习心理弹性、数学学习压力应对方式的回归分析 …… 52

第7章 日常性数学学业复原力、数学反思性学习的关系研究 …… 58
7.1 日常性数学学业复原力、数学反思性学习的相关性研究 …… 58
7.2 日常性数学学业复原力、数学反思性学习的回归分析 …… 60

第8章 数学文化素养、数学元认知、数学教育教学能力的关系研究 …… 67
8.1 数学文化素养与数学元认知的关系 …… 67
8.2 数学文化素养与数学教育教学能力的关系 …… 70
8.3 数学元认知与数学教育教学能力的关系 …… 73
8.4 数学元认知在数学文化素养与数学教育教学能力之间的调节效应分析 …… 76
8.5 数学元认知在数学文化素养与数学教育教学能力之间的中介效应分析 …… 77

第 9 章 数学学习动机、数学创新意识、数学学业成绩的关系研究 ················ 80
9.1 数学学习动机、数学创新意识、数学学业成绩的相关性研究 ······ 80
9.2 数学学习动机、数学创新意识、数学学业成绩的回归分析 ········· 82

第 10 章 感知数学教师支持、成就目标定向与数学学习拖延的关系研究 ················ 94
10.1 感知数学教师支持、成就目标定向与数学学习拖延的相关性研究 ················ 94
10.2 感知数学教师支持、成就目标定向与数学学习拖延的回归分析 ················ 96
10.3 感知数学教师支持在成就目标定向与数学学习拖延之间的中介效应分析 ················ 101

第 11 章 数学认知负荷、心理复原力的关系研究 ··············· 109
11.1 数学认知负荷、心理复原力的相关性研究 ··············· 109
11.2 数学认知负荷、心理复原力的回归分析 ··············· 111

第 1 章　数学品格和价值观、数学学习自我监控能力的关系研究

1.1　数学品格和价值观、数学学习自我监控能力的相关性研究

1.1.1　数学品格和价值观、数学学习自我监控能力的相关性分析

对数学品格和价值观、数学学习自我监控能力进行相关性分析,结果见表1-1-1。

表1-1-1　数学品格和价值观、数学学习自我监控能力的相关性分析

	统计量	数学学习自我监控能力
数学品格和价值观	Pearson 相关性	0.756**
	显著性	0.000

注:** 表示在 0.010 级别,相关性显著。

由表1-1-1可知,数学品格和价值观、数学学习自我监控能力的相关性分析的显著性水平 P 值为0.000,小于0.050,相关性系数为0.756,大于0,说明数学品格和价值观与数学学习自我监控能力之间存在显著的正相关关系。

1.1.2　数学品格和价值观的维度、数学学习自我监控能力的相关性分析

数学品格和价值观的维度(数学价值观念、数学思维品格、数学学习态度、

学会数学学习)、数学学习自我监控能力的相关性分析结果,见表1-1-2。

表1-1-2 数学品格和价值观的维度、数学学习自我监控能力的相关性分析

维度	统计量	数学价值观念	数学思维品格	数学学习态度	学会数学学习	数学学习自我监控能力
数学价值观念	Pearson 相关性	1.000				
数学思维品格	Pearson 相关性	0.361	1.000			
	显著性	0.000				
数学学习态度	Pearson 相关性	0.220	0.456	1.000		
	显著性	0.000	0.000			
学会数学学习	Pearson 相关性	0.203	0.336	0.519	1.000	
	显著性	0.000	0.000	0.000		
数学学习自我监控能力	Pearson 相关性	0.497	0.560	0.564	0.558	1.000
	显著性	0.000	0.000	0.000	0.000	

说明:表格中空白单元格表示无数据,下同。

由表1-1-2可知,数学品格和价值观的数学价值观念维度、数学思维品格维度、数学学习态度维度、学会数学学习维度与数学学习自我监控能力的相关性分析的显著性水平 P 值均为0.000,均小于0.050,相关性系数分别为0.497、0.560、0.564、0.558,均大于0,说明数学品格和价值观的维度与数学学习自我监控能力之间存在显著的正相关关系。

1.1.3 数学学习自我监控能力的维度、数学品格和价值观的相关性分析

数学学习自我监控能力的维度(数学计划性、数学准备性、数学意识性、数学方法性、数学执行性、数学反馈性、数学补救性、数学总结性)、数学品格和价值观的相关性分析结果,见表1-1-3。

表 1-1-3　数学学习自我监控能力的维度、数学品格和价值观的相关性分析

维度	统计量	数学计划性	数学准备性	数学意识性	数学方法性	数学执行性	数学反馈性	数学补救性	数学总结性	数学品格和价值观
数学计划性	Pearson相关性	1.000								
数学准备性	Pearson相关性	0.276	1.000							
	显著性	0.000								
数学意识性	Pearson相关性	0.058	0.380	1.000						
	显著性	0.318	0.000							
数学方法性	Pearson相关性	0.124	0.269	0.285	1.000					
	显著性	0.032	0.000	0.000						
数学执行性	Pearson相关性	0.033	0.191	0.154	0.245	1.000				
	显著性	0.576	0.001	0.008	0.000					
数学反馈性	Pearson相关性	0.171	0.176	0.049	0.149	0.339	1.000			
	显著性	0.003	0.002	0.402	0.010	0.000				
数学补救性	Pearson相关性	0.316	0.436	0.300	0.323	0.379	0.349	1.000		
	显著性	0.000	0.000	0.000	0.000	0.000	0.000			
数学总结性	Pearson相关性	0.283	0.378	0.332	0.462	0.322	0.338	0.478	1.000	
	显著性	0.000	0.000	0.000	0.000	0.000	0.000	0.000		

续表

维度	统计量	数学计划性	数学准备性	数学意识性	数学方法性	数学执行性	数学反馈性	数学补救性	数学总结性	数学品格和价值观
数学品格和价值观	Pearson相关性	0.333	0.436	0.343	0.477	0.490	0.455	0.547	0.555	1.000
	显著性	0.000	0.000	0.000	0.000	0.000	0.000	0.000	0.000	

由表1-1-3可知,数学学习自我监控能力的数学计划性维度、数学准备性维度、数学意识性维度、数学方法性维度、数学执行性维度、数学反馈性维度、数学补救性维度、数学总结性维度与数学品格和价值观的相关性分析的显著性水平 P 值均为0.000,均小于0.050,相关性系数分别为0.333、0.436、0.343、0.477、0.490、0.455、0.547、0.555,均大于0,说明数学学习自我监控能力的维度与数学品格和价值观之间存在显著的正相关关系。

1.2 数学品格和价值观、数学学习自我监控能力的回归分析

通过回归分析,进一步探讨数学品格和价值观与数学学习自我监控能力之间的相互影响程度。

1.2.1 数学品格和价值观对数学学习自我监控能力的回归分析

以数学品格和价值观为预测变量,数学学习自我监控能力为因变量,进行回归模型显著性检验,结果见表1-2-1。

表1-2-1 数学品格和价值观对数学学习自我监控能力的回归模型显著性检验[a]

模型		平方和	df	均方	F	显著性
1	回归	4.343	1	4.343	22.493	0.000[b]
	残差	57.534	298	0.193		
	总计	61.877	299			

a. 因变量:数学学习自我监控能力。

b. 预测变量:(常量),数学品格和价值观。

由表1-2-1可知,数学品格和价值观对数学学习自我监控能力的回归模型显著性水平 P 值为0.000,小于0.010,说明该回归模型具备有效性。

利用回归系数中的 t 检验可得出数学品格和价值观(预测变量)与数学学习自我监控能力(因变量)之间存在的回归方程,相应的回归分析结果见表1-2-2。

表1-2-2 数学品格和价值观对数学学习自我监控能力的回归分析[a]

模型		非标准化系数		标准化系数	t	显著性	共线性统计量	
		B	标准误差	Beta			容差	VIF
1	(常量)	2.760	0.127		21.769	0.000		
	数学品格和价值观	0.184	0.038	0.268	4.792	0.000	1.000	1.000

a. 因变量:数学学习自我监控能力。

由表1-2-2可知,数学品格和价值观对数学学习自我监控能力的回归分析显著性水平 P 值为0.000,小于0.050,回归模型系数为0.268,大于0,说明数学品格和价值观对数学学习自我监控能力具有显著正向影响。数学品格和价值观对数学学习自我监控能力的共线性分析 VIF 值小于5,说明数学品格和价值观对数学学习自我监控能力不存在多重共线性。基于回归模型系数,可得数学品格和价值观对数学学习自我监控能力的回归方程为:数学学习自我监控能力 = 0.184 × 数学品格和价值观 + 2.760。

1.2.2 数学学习自我监控能力对数学品格和价值观的回归分析

以数学学习自我监控能力为预测变量,数学品格和价值观为因变量,进行回归模型显著性检验,结果见表1-2-3。

表1-2-3 数学学习自我监控能力对数学品格和价值观的回归模型显著性检验[a]

模型		平方和	df	均方	F	显著性
1	回归	9.333	1	9.333	22.962	0.000[b]
	残差	120.315	296	0.406		
	总计	129.648	297			

a. 因变量:数学品格和价值观。

b. 预测变量:(常量),数学学习自我监控能力。

由表1-2-3可知,数学学习自我监控能力对数学品格和价值的回归模型显著性水平P值为0.000,小于0.010,说明该回归模型具备有效性。

利用回归系数中的t检验可得出数学学习自我监控能力(预测变量)与数学品格和价值观(因变量)之间存在的回归方程,相应的回归分析结果见表1-2-4。

表1-2-4 数学学习自我监控能力对数学品格和价值观的回归分析[a]

模型		非标准化系数		标准化系数	t	显著性	共线性统计量	
		B	标准误差	Beta			容差	VIF
1	(常量)	1.925	0.277		6.956	0.000		
	数学学习自我监控能力	0.392	0.082	0.268	4.792	0.000	1.000	1.000

a. 因变量:数学品格和价值观。

由表1-2-4可知,数学学习自我监控能力对数学品格和价值观的回归分析显著性水平P值为0.000,小于0.050,回归模型系数为0.268,大于0,说明数学学习自我监控能力对数学品格和价值观具有显著正向影响。数学学习自我监控能力对数学品格和价值观的共线性分析VIF值小于5,说明数学学习自我监控能力对数学品格和价值观不存在多重共线性。基于回归模型系数,可得数学品格和价值观的回归方程为:数学品格和价值观 = 0.392 × 数学学习自我监控能力 + 1.925。

1.2.3 数学品格和价值观的维度对数学学习自我监控能力的回归分析

以数学品格和价值观的维度为预测变量,数学学习自我监控能力为因变量,进行回归模型显著性检验,结果见表1-2-5。

表1-2-5 数学品格和价值观的维度对数学学习自我监控能力的回归模型显著性检验[a]

模型		平方和	df	均方	F	显著性
1	回归	11.656	4	2.914	15.664	0.000
	残差	109.942	591	0.188		
	总计	121.597	595			

a. 因变量:数学品格和价值观。

b. 预测变量:(常量),数学价值观念,数学思维品格,数学学习态度,学会数学学习。

由表1-2-5可知,数学品格和价值观的维度对数学学习自我监控能力的回归模型显著性水平 P 值为0.000,小于0.010,说明该回归模型具备有效性。

以数学品格和价值观的维度为预测变量,数学学习自我监控能力为因变量,进行回归分析,结果见表1-2-6。

表1-2-6 数学品格和价值观的维度对数学学习自我监控能力回归分析[a]

模型		非标准化系数		标准化系数	t	显著性	共线性统计量	
		B	标准误差	Beta			容差	VIF
1	(常量)	2.718	0.129		21.099	0.000		
	数学价值观念	0.022	0.029	0.045	0.755	0.000	0.862	1.161
	数学思维品格	0.056	0.035	0.105	1.589	0.000	0.713	1.402
	数学学习态度	0.085	0.033	0.018	0.257	0.000	0.641	1.560
	学会数学学习	0.116	0.030	0.252	3.835	0.000	0.715	1.400

a. 因变量:数学学习自我监控能力。

由表1-2-6可知,数学品格和价值观的维度对数学学习自我监控能力的回归分析显著性水平 P 值均为0.000,均小于0.050,回归模型系数分别为0.045、0.105、0.018、0.252,均大于0,说明数学品格和价值观的维度对数学学习自我监控能力具有显著正向影响。数学品格和价值观的维度对数学学习自我监控能力的共线性分析VIF值均小于5,说明数学品格和价值观的维度对数学学习自我监控能力不存在多重共线性。基于回归模型系数,可得数学品格和价值观的维度对数学学习自我监控能力的回归方程为:数学学习自我监控能力=0.022×数学价值观念+0.056×数学思维品格+0.085×数学学习态度+0.116×学会数学学习+2.718。

1.2.4 数学学习自我监控能力的维度对数学品格和价值观的回归分析

以数学学习自我监控能力的维度为预测变量,数学品格和价值观为因变量,进行回归模型显著性检验,结果见表1-2-7。

表1-2-7 数学学习自我监控能力的维度对数学品格和价值观的回归模型显著性检验[a]

模型		平方和	df	均方	F	显著性
1	回归	15.880	8	1.985	5.042	0.000[b]
	残差	113.769	289	0.394		
	总计	129.648	297			

a. 因变量:数学品格和价值观。
b. 预测变量:(常量),数学计划性,数学准备性,数学意识性,数学方法性,数学执行性,数学反馈性,数学补救性,数学总结性。

由表1-2-7可知,数学学习自我监控能力的维度对数学品格和价值观的回归模型显著性水平 P 值为0.000,小于0.010,说明该回归模型具备有效性。

以数学学习自我监控能力的维度为预测变量,数学品格和价值观为因变量,进行回归分析,结果见表1-2-8。

表1-2-8 数学学习自我监控能力的维度对数学品格和价值观的回归分析[a]

模型		非标准化系数		标准化系数	t	显著性	共线性统计量	
		B	标准误差	Beta			容差	VIF
1	(常量)	1.793	0.277		6.472	0.000		
	数学计划性	0.173	0.044	0.231	3.966	0.000	0.897	1.114
	数学准备性	0.066	0.049	0.086	1.358	0.000	0.749	1.335
	数学意识性	0.009	0.045	0.013	0.211	0.000	0.806	1.241
	数学方法性	0.007	0.042	0.010	0.171	0.000	0.850	1.176
	数学执行性	0.032	0.044	0.043	0.719	0.000	0.834	1.199

续表

模型		非标准化系数		标准化系数	t	显著性	共线性统计量	
		B	标准误差	Beta			容差	VIF
1	数学反馈性	0.051	0.045	0.071	1.129	0.000	0.764	1.309
	数学补救性	0.019	0.046	0.026	0.420	0.000	0.765	1.308
	数学总结性	0.137	0.048	0.171	2.831	0.005	0.830	1.205

a. 因变量：数学品格和价值观。

由表1-2-8可知，数学学习自我监控能力的维度对数学品格和价值观的回归分析显著性水平P值均为0.000，均小于0.050，回归模型系数分别为0.231、0.086、0.013、0.010、0.043、0.071、0.026、0.171，均大于0，说明数学学习自我监控能力的维度对数学品格和价值观具有显著正向影响。数学学习自我监控能力的维度对数学品格和价值观的共线性分析VIF值均小于5，说明数学学习自我监控能力的维度对数学品格和价值观不存在多重共线性。基于回归模型系数，可得数学学习自我监控能力的维度对数学品格和价值观的回归方程为：数学品格和价值观=0.173×数学计划性+0.066×数学准备性+0.009×数学意识性+0.007×数学方法性+0.032×数学执行性+0.051×数学反馈性+0.019×数学补救性+0.137×数学总结性+1.793。

第 2 章 数学自我效能感、数学学习投入、数学学业成绩的关系研究

2.1 数学自我效能感与数学学业成绩的关系

2.1.1 数学自我效能感、数学学业成绩的相关性分析

对数学自我效能感、数学学业成绩进行相关性分析,结果见表 2-1-1。

表 2-1-1 数学自我效能感、数学学业成绩的相关性分析

	统计量	数学学业成绩
数学自我效能感	Pearson 相关性	0.721**
	显著性	0.000

注:** 表示在 0.010 级别,相关性显著。

由表 2-1-1 可知,数学自我效能感、数学学业成绩的相关性分析的显著性水平 P 值为 0.000,小于 0.050,相关性系数为 0.721,大于 0,说明数学自我效能感与数学学业成绩之间存在显著的正相关关系。

2.1.2 数学自我效能感的维度、数学学业成绩的相关性分析

数学自我效能感的维度(数学学习能力自我效能感、数学学习行为自我效能感)、数学学业成绩的相关性分析结果,见表 2-1-2。

表 2-1-2 数学自我效能的维度、数学学业成绩的相关性分析

数学学业成绩	统计量	数学学习能力自我效能感	数学学习行为自我效能感
	Pearson 相关性	0.641**	0.638**
	显著性	0.000	0.000

注：** 表示在 0.010 级别，相关性显著。

由表 2-1-2 可知，数学自我效能感的数学学习能力自我效能感维度、数学学习行为自我效能感维度与数学学业成绩的相关性分析的显著性水平 P 值均为 0.000，均小于 0.050，相关性系数分别为 0.641、0.638，均大于 0，说明数学自我效能感的维度与数学学业成绩之间存在显著的正相关关系。

2.1.3 数学自我效能感与数学学业成绩的回归分析

1. 数学自我效能感对数学学业成绩的回归分析

为了进一步探讨数学自我效能感与数学学业成绩之间的相互影响程度，以数学自我效能感为预测变量，数学学业成绩为因变量，进行回归模型显著性检验，结果见表 2-1-3。

表 2-1-3 数学自我效能感对数学学业成绩的回归模型显著性检验[a]

模型		平方和	df	均方	F	显著性
1	回归	66690.511	1	66690.511	329.259	0.000[b]
	残差	61574.460	304	202.548		
	总计	128264.971	305			

a. 因变量：数学学业成绩。
b. 预测变量：（常量），数学自我效能感。

由表 2-1-3 可知，数学自我效能感对数学学业成绩的回归模型显著性水平 P 值为 0.000，小于 0.010，说明该回归模型具备有效性。

利用回归系数中的 t 检验可得出数学自我效能感（预测变量）与数学学业成绩（因变量）之间存在的回归方程，相应的回归分析结果见表 2-1-4。

表2-1-4　数学自我效能感对数学学业成绩的回归分析[a]

模型		非标准化系数		标准化系数	t	显著性	共线性统计量	
		B	标准误差	Beta			容差	VIF
1	（常量）	17.233	3.679		4.684	0.000		
	数学自我效能感	17.169	0.946	0.721	18.145	0.000	1.000	1.000

a.因变量:数学学业成绩。

由表2-1-4可知,数学自我效能感对数学学业成绩的回归分析显著性水平 P 值为0.000,小于0.050,回归模型系数为0.721,大于0,说明数学自我效能感对数学学业成绩具有显著正向影响。数学自我效能感对数学学业成绩的共线性分析VIF值小于5,说明数学自我效能感对数学学业成绩不存在多重共线性。基于回归模型系数,可得数学自我效能感对数学学业成绩的回归方程为:数学学业成绩=17.169×数学自我效能感+17.233。

2.数学自我效能感的维度对数学学业成绩的回归分析

以数学自我效能感的维度为预测变量,数学学业成绩为因变量,进行回归模型显著性检验,结果见表2-1-5。

表2-1-5　数学自我效能感的维度对数学学业成绩的回归模型显著性检验[a]

模型		平方和	df	均方	F	显著性
1	回归	71376.805	2	35688.403	190.085	0.000[b]
	残差	56888.165	303	187.750		
	总计	128264.971	305			

a.因变量:数学学业成绩。
b.预测变量:(常量),数学学习能力自我效能感,数学学习行为自我效能感。

由表2-1-5可知,数学自我效能感的维度对数学学业成绩的回归模型显著性水平 P 值为0.000,小于0.010,表明该回归模型具备有效性。

以数学自我效能感的维度为预测变量,数学学业成绩为因变量,进行回归分析,结果见表2-1-6。

表 2-1-6 数学自我效能感的维度对数学学业成绩的回归分析[a]

模型		非标准化系数		标准化系数	t	显著性	共线性统计量	
		B	标准误差	Beta			容差	VIF
1	（常量）	12.620	3.661		3.447	0.001		
	数学学习能力自我效能感	9.194	0.910	0.438	10.098	0.000	0.779	1.283
	数学学习行为自我效能感	9.141	0.916	0.433	9.983	0.000	0.779	1.283

a. 因变量：数学学业成绩。

由表 2-1-6 可知，数学自我效能感的维度对数学学业成绩的回归分析显著性水平 P 值均为 0.000，均小于 0.050，回归模型系数分别为 0.438、0.433，均大于 0，说明数学自我效能感的维度对数学学业成绩具有显著正向影响。数学自我效能感的维度对数学学业成绩的共线性分析 VIF 值小于 5，说明数学自我效能感的维度对数学学业成绩不存在多重共线性。基于回归模型系数，可得数学自我效能的维度对数学学业成绩的回归方程为：数学学业成绩 = 9.194 × 数学学习能力自我效能感 + 9.141 × 数学学习行为自我效能感 + 12.62。

2.2 数学学习投入与数学学业成绩的关系

2.2.1 数学学习投入、数学学业成绩的相关性分析

对数学学习投入、数学学业成绩进行相关性分析，结果见表 2-2-1。

表 2-2-1 数学学习投入、数学学业成绩的相关性分析

	统计量	数学学业成绩
数学学习投入	Pearson 相关性	0.812**
	显著性	0.000

注：** 表示在 0.010 级别，相关性显著。

由表2-2-1可知,数学学习投入、数学学业成绩的相关性分析的显著性水平P值为0.000,小于0.050,相关性系数为0.812,大于0,说明数学学习投入与数学学业成绩之间存在显著的正相关关系。

2.2.2 数学学习投入的维度、数学学业成绩的相关性分析

数学学习投入的维度(数学认知投入、数学行为投入、数学情感投入、数学社会投入)、数学学业成绩的相关性分析结果,见表2-2-2。

表2-2-2 数学学习投入的维度、数学学业成绩的相关性分析

	统计量	数学认知投入	数学行为投入	数学情感投入	数学社会投入
数学学业成绩	Pearson相关性	0.644**	0.676**	0.661**	0.658**
	显著性	0.000	0.000	0.000	0.000

注:**表示在0.010级别,相关性显著。

由表2-2-2可知,数学学习投入的数学认知投入维度、数学行为投入维度、数学情感投入维度、数学社会投入维度与数学学业成绩的相关性分析的显著性水平P值均为0.000,均小于0.050,相关性系数分别为0.644、0.676、0.661、0.658,均大于0,说明数学认知投入维度、数学行为投入维度、数学情感投入维度、数学社会投入维度与数学学业成绩之间存在显著的正相关关系。

2.2.3 数学学习投入与数学学业成绩的回归分析

1. 数学学习投入对数学学业成绩的回归分析

为了进一步探讨数学学习投入与数学学业成绩之间的相互影响程度,以数学学习投入为预测变量,数学学业成绩为因变量,进行回归模型显著性检验,结果见表2-2-3。

表2-2-3 数学学习投入对数学学业成绩的回归模型显著性检验[a]

模型		平方和	df	均方	F	显著性
1	回归	84592.629	1	84592.629	588.843	0.000[b]
	残差	43672.342	304	143.659		
	总计	128264.971	305			

a. 因变量:数学学业成绩。

b. 预测变量:(常量),数学学习投入。

由表2-2-3可知,数学学习投入对数学学业成绩的回归模型显著性水平 P 值为0.000,小于0.010,说明该回归模型具备有效性。

利用回归系数中的 t 检验可得出数学学习投入(预测变量)与数学学业成绩(因变量)之间存在的回归方程,相应的回归分析结果见表2-2-4。

表2-2-4 数学学习投入对数学学业成绩的回归分析[a]

模型		非标准化系数		标准化系数	t	显著性	共线性统计量	
		B	标准误差	Beta			容差	VIF
1	(常量)	9.386	3.084		3.044	0.003		
	数学学习投入	20.159	0.831	0.812	24.266	0.000	1.000	1.000

a. 因变量:数学学业成绩。

由表2-2-4可知,数学学习投入对数学学业成绩的回归分析显著性水平 P 值为0.000,小于0.050,回归模型系数为0.812,大于0,说明数学学习投入对数学学业成绩具有显著正向影响。数学学习投入对数学学业成绩的共线性分析 VIF 值小于5,说明数学学习投入对数学学业成绩不存在多重共线性。基于回归模型系数,可得数学学习投入对数学学业成绩的回归方程为:数学学业成绩 $=20.159 \times$ 数学学习投入 $+9.386$。

2. 数学学习投入的维度对数学学业成绩的回归分析

以数学学习投入的维度为预测变量,数学学业成绩为因变量,进行回归模型显著性检验,结果见表2-2-5。

表2-2-5 数学学习投入的维度对数学学业成绩的回归分析[a]

模型		平方和	df	均方	F	显著性
1	回归	84662.833	4	21165.708	146.114	0.000[b]
	残差	43602.137	301	144.858		
	总计	128264.971	305			

a. 因变量:数学学业成绩。

b. 预测变量:(常量),数学社会投入,数学情感投入,数学行为投入,数学认知投入。

由表 2-2-5 可知,数学学习投入的维度对数学学业成绩的回归模型显著性水平 P 值为 0.000,小于 0.010,说明该回归模型具备有效性。

以数学学习投入的维度为预测变量,数学学业成绩为因变量,进行回归分析,结果见表 2-2-6。

表 2-2-6　数学学习投入的维度对数学学业成绩的回归分析[a]

模型		非标准化系数		标准化系数	t	显著性	共线性统计量	
		B	标准误差	Beta			容差	VIF
1	(常量)	8.713	3.278		2.658	0.008		
	数学认知投入	4.090	0.929	0.199	4.402	0.000	0.550	1.819
	数学行为投入	6.153	0.968	0.283	6.354	0.000	0.568	1.762
	数学情感投入	4.588	0.814	0.253	5.635	0.000	0.561	1.781
	数学社会投入	5.415	0.900	0.263	6.013	0.000	0.592	1.690

a. 因变量:数学学业成绩。

由表 2-2-6 可知,数学学习投入的维度对数学学业成绩的回归分析显著性水平 P 值均为 0.000,均小于 0.050,回归模型系数分别为 0.199、0.283、0.253、0.263,均大于 0,说明数学学习投入的维度对数学学业成绩具有显著正向影响。数学学习投入的维度对数学学业成绩的共线性分析 VIF 值均小于 5,说明数学学习投入的维度对数学学业成绩不存在多重共线性。基于回归模型系数,可得数学学习投入的维度对数学学业成绩的回归方程为:数学学业成绩 = 4.090 × 数学认知投入 + 6.153 × 数学行为投入 + 4.588 × 数学情感投入 + 5.415 × 数学社会投入 + 8.713。

2.3 数学学习投入与数学自我效能感的关系

2.3.1 数学学习投入、数学自我效能感的相关性分析

对数学学习投入、数学自我效能感进行相关性分析,结果见表2-3-1。

表2-3-1 数学学习投入、数学自我效能感的相关性分析

	统计量	数学自我效能感
数学学习投入	Pearson 相关性	0.700**
	显著性	0.000

注:**表示在0.010级别,相关性显著。

由表2-3-1可知,数学学习投入、数学自我效能感的相关性分析的显著性水平P值为0.000,小于0.050,相关性系数为0.700,大于0,说明数学学习投入与数学自我效能感之间存在显著的正相关关系。

由表2-1-1、2-2-1、2-3-1可知,数学学业成绩、数学学习投入、数学自我效能感之间均存在显著的正相关关系,为了进一步探究数学学习投入与数学自我效能感之间的相互影响程度,以数学学业成绩为控制变量后,再一次对数学学习投入、数学自我效能感进行偏相关性分析,结果见表2-3-2。

表2-3-2 数学学习投入、数学自我效能感的偏相关性分析

控制变量		统计量	数学自我效能感
数学学业成绩	数学学习投入	Pearson 相关性	0.284**
		显著性	0.000

注:**表示在0.010级别,相关性显著。

由表2-3-2可知,数学学习投入、数学自我效能感的偏相关性分析的显著性水平P值为0.000,小于0.050,相关性系数为0.284,大于0,说明数学学习投入与数学自我效能感之间存在显著的正相关关系。

2.3.2 数学学习投入的维度、数学自我效能感的相关性分析

数学学习投入的维度、数学自我效能感的偏相关性分析结果,见表2-3-3。

表2-3-3 数学学习投入的维度、数学自我效能感的偏相关性分析

控制变量		统计量	数学认知投入	数学行为投入	数学情感投入	数学社会投入
数学学业成绩	数学自我效能感	Pearson 相关性	0.147	0.186	0.134	0.252
		显著性	0.010	0.001	0.019	0.000

注：** 表示在0.010级别，相关性显著。

由表2-3-3可知，数学学习投入的数学认知投入维度、数学行为投入维度、数学情感投入维度、数学社会投入维度与数学自我效能感的偏相关性分析的显著性水平 P 值分别为0.010、0.001、0.019、0.000，均小于0.050，相关性系数分别为0.147、0.186、0.134、0.252，均大于0，说明数学学习投入的维度与数学自我效能感之间存在显著的正相关关系。

2.3.3 数学自我效能感的维度、数学学习投入的相关性分析

数学自我效能感的维度、数学学习投入的偏相关性分析结果，见表2-3-4。

表2-3-4 数学自我效能感的维度、数学学习投入的偏相关性分析

控制变量		统计量	数学学习能力自我效能感	数学学习行为自我效能感
数学学业成绩	数学学习投入	Pearson 相关性	0.232	0.225
		显著性	0.000	0.000

注：** 表示在0.010级别，相关性显著。

由表2-3-4可知，数学自我效能感的数学学习能力自我效能感维度、数学学习行为自我效能感维度与数学学习投入的偏相关性分析的显著性水平 P 值均为0.000，均小于0.050，相关性系数分别为0.232、0.225，均大于0，说明数学自我效能感的维度与数学学习投入之间存在显著的正相关关系。

2.3.4 数学学习投入、数学学业成绩与数学自我效能感的回归分析

1. 数学学习投入、数学学业成绩对数学自我效能感的回归分析

为了进一步探究数学学习投入、数学学业成绩与数学自我效能感之间的相

互影响程度,以数学学习投入、数学学业成绩为预测变量,数学自我效能感为因变量,进行回归模型显著性检验,结果见表 2-3-5。

表 2-3-5 数学学习投入、数学学业成绩对数学自我效能感的回归模型显著性检验[a]

模型		平方和	df	均方	F	显著性
1	回归	126.405	2	63.202	191.791	0.000[b]
	残差	99.850	303	0.330		
	总计	226.254	305			

a. 因变量:数学自我效能感。

b. 预测变量:(常量),数学学习投入,数学学业成绩。

由表 2-3-5 可知,数学学习投入、数学学业成绩对数学自我效能感的回归模型显著性水平 P 值为 0.000,小于 0.010,说明该回归模型具备有效性。

利用回归系数中的 t 检验可得出学习投入、数学学业成绩(预测变量)与数学自我效能感(因变量)之间存在的回归方程,相应的回归分析结果见表 2-3-6。

表 2-3-6 数学学习投入、数学学业成绩对数学自我效能感的回归分析[a]

模型		非标准化系数		标准化系数	t	显著性	共线性统计量	
		B	标准误差	Beta			容差	VIF
1	(常量)	0.973	0.150		6.492	0.000		
	数学学业成绩	0.019	0.003	0.447	6.837	0.000	0.340	2.937
	数学学习投入	0.352	0.068	0.337	5.157	0.000	0.340	2.937

a. 因变量:数学自我效能感。

由表 2-3-6 可知,数学学习投入、数学学业成绩对数学自我效能感的回归分析显著性 P 值均为 0.000,均小于 0.050,回归模型系数分别为 0.447、0.337,均大于 0,说明数学学习投入、数学学业成绩对数学自我效能感具有显著正向影响。数学学习投入、数学学业成绩对数学自我效能感的共线性分析 VIF

值均小于5,说明数学学习投入、数学学业成绩对数学自我效能感不存在多重共线性。基于回归模型系数,可得数学学习投入、数学学业成绩对数学自我效能感的回归方程为:数学自我效能感 = 0.352 × 数学学习投入 + 0.019 × 数学学业成绩 + 0.973。

2. 数学学习投入的维度、数学学业成绩对数学自我效能感的回归分析

以数学学习投入的维度、数学学业成绩为预测变量,数学自我效能感为因变量,进行回归模型显著性检验,结果见表2-3-7。

表2-3-7 数学学习投入的维度、数学学业成绩对数学自我效能感的回归模型显著性检验[a]

模型		平方和	df	均方	F	显著性
1	回归	127.722	5	25.544	77.776	0.000[b]
	残差	98.532	300	0.328		
	总计	226.254	305			

a. 因变量:数学自我效能感。
b. 预测变量:(常量),数学社会投入,数学情感投入,数学行为投入,数学认知投入,数学学业成绩。

由表2-3-7可知,数学学习投入的维度、数学学业成绩对数学自我效能感的回归模型显著性水平 P 值为0.000,小于0.01,说明该回归模型具备有效性。

以数学学习投入的维度、数学学业成绩为预测变量,数学自我效能感为因变量,进行回归分析,结果见表2-3-8。

表2-3-8 数学学习投入的维度、数学学业成绩对数学自我效能的回归分析[a]

模型		非标准化系数		标准化系数	t	显著性	共线性统计量	
		B	标准误差	Beta			容差	VIF
1	(常量)	0.906	0.158		5.739	0.000		
	数学学业成绩	0.019	0.003	0.442	6.771	0.000	0.340	2.942
	数学认知投入	0.051	0.046	0.059	1.107	0.269	0.517	1.936

续表

模型		非标准化系数		标准化系数	t	显著性	共线性统计量	
		B	标准误差	Beta			容差	VIF
1	数学行为投入	0.105	0.049	0.115	2.144	0.033	0.500	1.998
	数学情感投入	0.043	0.041	0.057	1.061	0.289	0.508	1.969
	数学社会投入	0.165	0.045	0.190	3.631	0.000	0.528	1.893

a. 因变量:数学自我效能感。

由表2-3-8可知,数学学习投入的数学行为投入维度、数学社会投入维度、数学学业成绩对数学自我效能感的回归分析显著性 P 值分别为0.033、0.000、0.000,均小于0.050,回归模型系数分别为0.115、0.190、0.442,均大于0,说明数学学习投入的数学行为投入维度、数学社会投入维度、数学学业成绩对数学自我效能感具有显著正向影响。数学认知投入维度、数学情感投入维度对数学自我效能感的回归分析显著性水平 P 值分别为0.269、0.289,均大于0.050,说明数学认知投入维度、数学情感投入维度对数学自我效能感的影响不显著。数学学习投入的维度、数学学业成绩对数学自我效能感的共线性分析 VIF 值均小于5,说明数学学习投入的维度、数学学业成绩对数学自我效能感不存在多重共线性。基于回归模型系数,可得数学学习投入的维度、数学学业成绩对数学自我效能感的回归方程为:数学自我效能 = 0.105 × 数学行为投入 + 0.165 × 数学社会投入 + 0.019 × 数学学业成绩 + 0.906。

3. 数学自我效能感的维度、数学学业成绩对数学学习投入的回归分析

以数学自我效能感的维度、数学学业成绩为预测变量,数学学习投入为因变量,进行回归模型显著性检验,结果见表2-3-9。

表 2-3-9 数学自我效能感的维度、数学学业成绩对
数学学习投入的回归模型显著性检验[a]

模型		平方和	df	均方	F	显著性
1	回归	143.972	3	47.991	225.831	0.000[b]
	残差	64.177	302	0.213		
	总计	208.149	305			

a. 因变量:数学学习投入。

b. 预测变量:(常量),数学学习能力自我效能感,数学学习行为自我效能感,数学学业成绩。

由表 2-3-9 可知,数学自我效能感的维度、数学学业成绩对数学学习投入的回归模型显著性水平 P 值为 0.000,小于 0.010,说明该回归模型具备有效性。

以数学自我效能感的维度、数学学业成绩为预测变量,数学学习投入为因变量,进行回归分析,结果见表 2-3-10。

表 2-3-10 数学自我效能感的维度、数学学业成绩对数学学习投入的回归分析[a]

模型		非标准化系数		标准化系数	t	显著性	共线性统计量	
		B	标准误差	Beta			容差	VIF
1	(常量)	0.578	0.126		4.601	0.000		
	数学学业成绩	0.025	0.002	0.611	12.740	0.000	0.444	2.255
	数学学习能力自我效能感	0.136	0.035	0.160	3.828	0.000	0.583	1.715
	数学学习行为自我效能感	0.131	0.036	0.154	3.689	0.000	0.587	1.705

a. 因变量:数学学习投入。

由表 2-3-10 可知,数学自我效能感的维度、数学学业成绩对数学学习投

入的回归分析显著性 P 值均为 0.000,均小于 0.050,回归模型系数分别为 0.160、0.154、0.611,均大于 0,说明数学自我效能感的维度、数学学业成绩对数学学习投入具有显著正向影响。数学自我效能感的维度、数学学业成绩对数学学习投入的共线性分析 VIF 值均小于 5,说明数学自我效能感的维度、数学学业成绩对数学学习投入不存在多重共线性。基于回归模型系数,可得数学自我效能感的维度、数学学业成绩对数学学习投入的回归方程为:数学学习投入 = 0.136×数学学习能力自我效能感 + 0.131×数学学习行为自我效能感 + 0.025×数学学业成绩 + 0.578。

第3章 数学逆商、数学元认知的关系研究

3.1 数学逆商、数学元认知的相关性研究

3.1.1 数学逆商、数学元认知的相关性分析

对数学逆商、数学元认知进行相关性分析,结果见表3-1-1。

表3-1-1 数学逆商、数学元认知的相关性分析

	统计量	数学元认知
数学逆商	Pearson 相关性	0.726**
	显著性	0.000

注:** 表示在0.010级别,相关性显著。

由表3-1-1可知,数学逆商、数学元认知的相关性分析的显著性水平 P 值为0.000,小于0.050,相关性系数为0.726,大于0,说明数学逆商与数学元认知之间存在显著的正相关关系。

3.1.2 数学逆商的维度、数学元认知的相关性分析

数学逆商的维度(数学控制、数学归属、数学影响、数学延伸)、数学元认知的相关性分析结果,见表3-1-2。

表 3-1-2 数学逆商的维度、数学元认知的相关性分析

维度	统计量	数学控制	数学归属	数学影响	数学延伸	数学元认知
数学控制	Pearson 相关性	1.000	0.684**	0.653**	0.678**	0.637**
	显著性		0.000	0.000	0.000	0.000
数学归属	Pearson 相关性	0.684**	1.000	0.596**	0.659**	0.587**
	显著性	0.000		0.000	0.000	0.000
数学影响	Pearson 相关性	0.653**	0.596**	1.000	0.615**	0.609**
	显著性	0.000	0.000		0.000	0.000
数学延伸	Pearson 相关性	0.678**	0.659**	0.615**	1.000	0.660**
	显著性	0.000	0.000	0.000		0.000
数学元认知	Pearson 相关性	0.637**	0.587**	0.609**	0.660**	1.000
	显著性	0.000	0.000	0.000	0.000	

注：** 表示在 0.010 级别，相关性显著。

由表 3-1-2 可知，数学逆商的维度、数学元认知的相关性分析的显著性水平 P 值均为 0.000，均小于 0.050，相关性系数分别为 0.637、0.587、0.609、0.660，均大于 0，说明数学逆商的维度与数学元认知之间存在显著的正相关关系。

3.1.3 数学元认知的维度、数学逆商的相关性分析

数学元认知的维度（数学元认知知识、数学元认知体验、数学元认知监控）、数学逆商的相关性分析结果，见表 3-1-3。

表 3-1-3 数学元认知的维度、数学逆商的相关性分析

维度	统计量	数学元认知知识	数学元认知体验	数学元认知监控	数学逆商
数学元认知知识	Pearson 相关性	1.000	0.590**	0.671**	0.641**
	显著性		0.000	0.000	0.000
数学元认知体验	Pearson 相关性	0.590**	1.000	0.566**	0.688**
	显著性	0.000		0.000	0.000

续表

维度	统计量	数学元认知知识	数学元认知体验	数学元认知监控	数学逆商
数学元认知监控	Pearson 相关性	0.671**	0.566**	1.000	0.589**
	显著性	0.000	0.000		0.000
数学逆商	Pearson 相关性	0.641**	0.688**	0.589**	1.000
	显著性	0.000	0.000	0.000	

注：** 表示在0.010级别，相关性显著。

由表3-1-3可知，数学元认知的维度、数学逆商的相关性分析的显著性水平 P 值均为0.000，均小于0.050，相关性系数分别为0.641、0.688、0.589，均大于0，说明数学元认知的维度与数学逆商之间存在显著的正相关关系。

3.2 数学逆商、数学元认知的回归分析

3.2.1 数学逆商对数学元认知的回归分析

以数学逆商为预测变量，数学元认知为因变量，进行线性回归分析，得到回归模型见表3-2-1，对回归模型进行显著性检验，结果见表3-2-2。

表3-2-1 数学逆商对数学元认知的模型汇总[b]

模型	R	R^2	调整 R^2	标准估计的误差
1	0.726[a]	0.528	0.526	0.740

a. 预测变量：(常量)，数学逆商。
b. 因变量：数学元认知。

表3-2-2 数学逆商对数学元认知的回归模型显著性检验[a]

模型		平方和	df	均方	F	显著性
1	回归	232.083	1	232.083	423.386	0.000[b]
	残差	207.752	379	0.548		
	总计	439.835	380			

a. 因变量:数学元认知。

b. 预测变量:(常量),数学逆商。

由表3-2-1、表3-2-2可知,数学逆商对数学元认知的回归模型显著性水平 P 值为 0.000,小于 0.010,调整 R^2 值为 0.526,说明该回归模型具备有效性,数学逆商能够预测数学元认知 52.6% 的变异量。

利用回归系数中的 t 检验可得出数学逆商(预测变量)与数学元认知(因变量)之间存在的回归方程,相应的回归分析结果见表3-2-3。

表3-2-3 数学逆商对数学元认知的回归分析[a]

模型		非标准化系数		标准化系数	t	显著性	共线性统计量	
		B	标准误差	Beta			容差	VIF
1	(常量)	0.703	0.119		5.912	0.000		
	数学逆商	0.755	0.037	0.726	20.576	0.000	1.000	1.000

a. 因变量:数学元认知。

由表3-2-3可知,数学逆商对数学元认知的回归分析显著性水平 P 值为 0.000,小于 0.050,回归模型系数为 0.726,大于 0,说明数学逆商对数学元认知具有显著正向影响。数学逆商对数学元认知的共线性分析 VIF 小于 5,说明数学逆商对数学元认知不存在多重共线性。基于回归模型系数,可得数学逆商对数学元认知的回归方程为:数学元认知 $=0.755×$ 数学逆商 $+0.703$。

3.2.2 数学元认知对数学逆商的回归分析

以数学元认知为预测变量,数学逆商为因变量,进行线性回归分析,得到回归模型见表3-2-4,对回归模型进行显著性检验,结果见表3-2-5。

表3-2-4 数学元认知对数学逆商的模型汇总[b]

模型	R	R^2	调整 R^2	标准估计的误差
1	0.726[a]	0.528	0.526	0.712

a. 预测变量:(常量),数学元认知。

b. 因变量:数学逆商

表 3-2-5　数学元认知对数学逆商的回归模型显著性检验[a]

模型		平方和	df	均方	F	显著性
1	回归	214.592	1	214.592	423.386	0.000[b]
	残差	192.096	379	0.507		
	总计	406.688	380			

a. 因变量:数学逆商。

b. 预测变量:(常量),数学元认知。

由表 3-2-4、表 3-2-5 可知,数学元认知对数学逆商的回归模型显著性水平 P 值为 0.000,小于 0.010,调整 R^2 值为 0.526,说明该回归模型具备有效性,数学元认知能够预测数学逆商 52.6% 的变异量。

利用回归系数中的 t 检验可得出数学元认知(预测变量)与数学逆商(因变量)之间存在的回归方程,相应的回归分析结果见表 3-2-6。

表 3-2-6　数学元认知对数学逆商的回归分析[a]

模型		非标准化系数		标准化系数	t	显著性	共线性统计量	
		B	标准误差	Beta			容差	VIF
1	(常量)	0.958	0.109		8.806	0.000		
	数学元认知	0.698	0.034	0.726	20.576	0.000	1.000	1.000

a. 因变量:数学逆商。

由表 3-2-6 可知,数学元认知对数学逆商的回归分析显著性水平 P 值为 0.000,小于 0.050,回归模型系数为 0.726,大于 0,说明数学元认知对数学逆商具有显著正向影响。数学元认知对数学逆商的共线性分析 VIF 值为均小于 5,说明数学元认知对数学逆商不存在多重共线性。基于回归模型系数,可得数学元认知对数学逆商的回归方程为:数学逆商 = 0.698 × 数学元认知 + 0.958。

3.2.3　数学逆商的维度对数学元认知的回归分析

以数学逆商的维度为预测变量,数学元认知为因变量,进行线性回归分析,所得模型见表 3-2-7,对回归模型进行显著性检验,结果见表 3-2-8。

表3-2-7 数学逆商的维度对数学元认知的模型汇总[b]

模型	R	R^2	调整R^2	标准估计的误差
1	0.732[a]	0.535	0.530	0.737

a. 预测变量:(常量),数学延伸,数学影响,数学归属,数学控制。

b. 因变量:数学元认知。

表3-2-8 数学逆商的维度对数学元认知回归模型的显著性检验[a]

模型		平方和	df	均方	F	显著性
1	回归	235.373	4	58.843	108.211	0.000[b]
	残差	204.462	376	0.544		
	总计	439.835	380			

a. 因变量:数学元认知。

b. 预测变量:(常量),数学延伸,数学影响,数学归属,数学控制。

由表3-2-7、表3-2-8可知,数学逆商的维度对数学元认知的回归模型显著性水平P值为0.000,小于0.010,调整R^2值为0.530,说明该回归模型具备有效性,数学逆商的维度能够预测数学元认知53%的变异量。

以数学逆商为预测变量,数学元认知为因变量,进行回归分析,结果见表3-2-9。

表3-2-9 数学逆商的维度对数学元认知的回归分析[a]

模型		非标准化系数		标准化系数	t	显著性	共线性统计量	
		B	标准误差	Beta			容差	VIF
1	(常量)	0.696	0.120		5.782	0.000		
	数学控制	0.200	0.053	0.210	3.770	0.000	0.397	2.520
	数学归属	0.100	0.048	0.110	3.092	0.067	0.447	2.236
	数学影响	0.169	0.039	0.213	4.282	0.000	0.502	1.992
	数学延伸	0.290	0.049	0.314	5.940	0.000	0.443	2.258

a. 因变量:数学元认知。

由表3-2-9可知,数学逆商的数学控制维度、数学影响维度、数学延伸维度对数学元认知的回归分析显著性水平 P 值均为 0.000,均小于 0.050,回归模型系数分别为 0.210、0.110、0.213、0.314,均大于 0,说明数学控制维度、数学影响维度、数学延伸维度对数学元认知具有显著正向影响,但数学归属维度对数学元认知的显著性水平 P 值为 0.067,大于 0.050,说明数学归属维度对数学元认知的影响不显著。数学逆商的维度对数学元认知的共线性分析 VIF 值均小于 5,说明数学逆商的维度对数学元认知不存在多重共线性。基于回归模型系数,可得数学逆商的维度对数学元认知的回归方程为:数学元认知 = 0.200 × 数学控制 + 0.169 × 数学影响 + 0.290 × 数学延伸 + 0.696。

3.2.4 数学元认知的维度对数学逆商的回归分析

以数学元认知的维度为预测变量,数学逆商为因变量,进行线性回归分析,得到回归模型见表 3-2-10,对回归模型进行显著性检验,结果见表 3-2-11。

表 3-2-10　数学元认知的维度对数学逆商的模型汇总[b]

模型	R	R^2	调整 R^2	标准估计的误差
1	0.755[a]	0.570	0.567	0.681

a. 预测变量:(常量),数学元认知监控,数学元认知体验,数学元认知知识。

b. 因变量:数学逆商。

表 3-2-11　数学元认知的维度对数学逆商的回归模型显著性检验[a]

模型		平方和	df	均方	F	显著性
1	回归	232.012	3	77.337	166.916	0.000[b]
	残差	174.676	377	0.463		
	总计	406.688	380			

a. 因变量:数学逆商。

b. 预测变量:(常量),数学元认知监控,数学元认知体验,数学元认知知识。

由表 3-2-10、表 3-2-11 可知,数学元认知的维度对数学逆商的回归模型显著性水平 P 值为 0.000,小于 0.010,调整 R^2 值为 0.567,说明该回归模型具备有效性,数学元认知的维度能够共同预测数学逆商 56.7% 的变异量。

以数学元认知的维度为预测变量,数学逆商为因变量,进行回归分析,结果见表3-2-12。

表3-2-12 数学元认知的维度对数学逆商的回归分析[a]

模型		非标准化系数		标准化系数	t	显著性	共线性统计量	
		B	标准误差	Beta			容差	VIF
1	（常量）	1.012	0.105		9.634	0.000		
	数学元认知知识	0.231	0.040	0.281	5.801	0.000	0.485	2.061
	数学元认知体验	0.328	0.033	0.435	9.974	0.000	0.599	1.669
	数学元认知监控	0.137	0.042	0.154	3.252	0.001	0.505	1.979

a. 因变量：数学逆商。

由表3-2-12可知，数学元认知的维度对数学逆商的回归分析显著性水平 P 值分别为0.000、0.000、0.001，均小于0.050，回归模型系数分别为0.281、0.435、0.154，均大于0，说明数学元认知的维度对数学逆商具有显著正向影响。数学元认知的维度对数学逆商的共线性分析VIF值均小于5，说明数学元认知的维度对数学逆商不存在多重共线性。基于回归模型系数，可得数学元认知的维度对数学逆商的回归方程为：数学逆商 = 0.231×数学元认知知识 + 0.328×数学元认知体验 + 0.137×数学元认知监控 + 1.012。

第4章 数学学业情绪、数学时间自我、数学学业成绩的关系研究

4.1 数学学业情绪、数学时间自我的相关性研究

4.1.1 数学学业情绪的维度、数学时间自我的维度的相关性分析

对数学学业情绪的维度、数学时间自我的维度进行相关性分析,结果见表4-1-1。

表4-1-1 数学学业情绪的维度、数学时间自我的维度相关性分析

维度	统计量	数学过去自我	数学现在自我	数学将来自我
数学学习过程积极情绪	Pearson 相关性	0.530	0.705	0.689
	显著性	0.000	0.000	0.000
数学学习过程消极情绪	Pearson 相关性	-0.403	-0.582	-0.571
	显著性	0.000	0.000	0.000
数学学习结果积极情绪	Pearson 相关性	0.432	0.538	0.576
	显著性	0.000	0.000	0.000
数学学习结果消极情绪	Pearson 相关性	-0.203	-0.384	-0.335
	显著性	0.000	0.000	0.000

由表 4-1-1 可得以下结论：

（1）积极数学学业情绪（数学学习过程积极情绪维度、数学学习结果积极情绪维度）与数学时间自我（数学过去自我维度、数学现在自我维度、数学将来自我维度）之间存在显著的正相关关系。

（2）消极数学学业情绪（数学学习过程消极情绪维度、数学学习结果消极情绪维度）与数学时间自我（数学过去自我维度、数学现在自我维度、数学将来自我维度）之间存在显著的负相关关系。

综上所述，数学学业情绪的维度与数学时间自我的维度之间存在显著的相关关系。

4.1.2 数学学业情绪维度下的因子、数学时间自我维度下的因子的相关性分析

为了更详细地探讨数学学业情绪、数学时间自我的相关性，对数学学业情绪的维度下的 13 个因子与数学时间自我的维度下的 6 个因子之间进行相关性分析，结果见表 4-1-2。

表 4-1-2　数学学业情绪维度下的因子、数学时间自我维度下的因子的相关性分析

数学学业情绪的维度	数学学业情绪维度下的因子	统计量	数学时间自我的维度						
			数学过去自我		数学现在自我		数学将来自我	
			过去自我认知	过去自我信念	现在自我认知	现在自我信念	将来自我认知	将来自我信念
数学学习过程积极情绪	喜欢	Pearson 相关性	0.486	0.348	0.653	0.491	0.621	0.434
		显著性	0.000	0.000	0.000	0.000	0.000	0.000
	愉快	Pearson 相关性	0.335	0.318	0.458	0.459	0.450	0.527
		显著性	0.000	0.000	0.000	0.000	0.000	0.000
	兴奋	Pearson 相关性	0.485	0.373	0.647	0.527	0.613	0.523
		显著性	0.000	0.000	0.000	0.000	0.000	0.000

续表

数学学业情绪的维度	数学学业情绪维度下的因子	统计量	数学时间自我的维度					
			数学过去自我		数学现在自我		数学将来自我	
			过去自我认知	过去自我信念	现在自我认知	现在自我信念	将来自我认知	将来自我信念
数学学习过程消极情绪	厌倦	Pearson 相关性	-0.194	-0.321	-0.284	-0.433	-0.297	-0.468
		显著性	0.000	0.000	0.000	0.000	0.000	0.000
	烦躁	Pearson 相关性	-0.145	-0.323	-0.243	-0.413	-0.222	-0.396
		显著性	0.000	0.000	0.000	0.000	0.000	0.000
	担心	Pearson 相关性	-0.274	-0.361	-0.462	-0.541	-0.426	-0.492
		显著性	0.000	0.000	0.000	0.000	0.000	0.000
	焦虑	Pearson 相关性	-0.173	-0.315	-0.302	-0.469	-0.318	-0.467
		显著性	0.000	0.000	0.000	0.000	0.000	0.000
数学学习结果积极情绪	自豪	Pearson 相关性	0.329	0.152	0.292	0.184	0.297	0.310
		显著性	0.000	0.000	0.000	0.000	0.000	0.000
	感激	Pearson 相关性	0.448	0.344	0.645	0.550	0.620	0.539
		显著性	0.000	0.000	0.000	0.000	0.000	0.000
	鼓舞	Pearson 相关性	0.257	0.119	0.235	0.170	0.223	0.290
		显著性	0.000	0.001	0.000	0.000	0.000	0.000
数学学习结果消极情绪	羞愧	Pearson 相关性	0.055	-0.015	-0.037	-0.025	-0.030	-0.018
		显著性	0.141	0.352	0.318	0.148	0.427	0.426
	愤怒	Pearson 相关性	-0.082	-0.238	-0.164	-0.383	-0.158	-0.324
		显著性	0.027	0.000	0.000	0.000	0.000	0.000
	沮丧	Pearson 相关性	-0.185	-0.283	-0.375	-0.527	-0.371	-0.438
		显著性	0.000	0.000	0.000	0.000	0.000	0.000

由表 4-1-2 可得以下结论：

(1)数学学习过程积极情绪维度下的 3 个数学学业情绪因子(喜欢、愉快、兴奋)与数学过去自我维度下的 2 个因子(数学过去自我认知、数学过去自我信念)、数学现在自我维度下的 2 个因子(数学现在自我认知、数学现在自我信念)、数学将来自我维度下的 2 个因子(数学将来自我认知、数学将来自我信念)之间存在显著的正相关关系。

(2)数学学习过程消极情绪维度下的 4 个数学学业情绪因子(厌倦、烦躁、担心、焦虑)与数学过去自我维度下的 2 个因子(数学过去自我认知、数学过去自我信念)、数学现在自我维度下的 2 个因子(数学现在自我认知、数学现在自我信念)、数学将来自我维度下的 2 个因子(数学将来自我认知、数学将来自我信念)之间存在显著的负相关关系。

(3)数学学习结果积极情绪维度下的 3 个因子(自豪、感激、鼓舞)与数学过去自我维度下的 2 个因子(数学过去自我认知、数学过去自我信念)、数学现在自我维度下的 2 个因子(数学现在自我认知、数学现在自我信念)、数学将来自我维度下的 2 个因子(数学将来自我认知、数学将来自我信念)之间存在显著的正相关关系。

(4)数学学习结果消极情绪维度下的 3 个因子(羞愧、愤怒、沮丧)当中,羞愧因子与数学时间自我 3 维度下的 6 个因子的相关性均不显著,愤怒因子和沮丧因子与数学过去自我维度下的 2 个因子(数学过去自我认知、数学过去自我信念)、数学现在自我维度下的 2 个因子(数学现在自我认知、数学现在自我信念)、数学将来自我维度下的 2 个因子(数学将来自我认知、数学将来自我信念)之间存在显著的负相关关系。

综上所述,"羞愧"这一数学学习结果消极情绪因子与数学时间自我 3 维度下的 6 个因子相关性不显著,这一结论也验证了羞愧情绪与数学自我概念(数学时间自我)的相关性不显著。

4.2 数学学业情绪维度下的因子、数学学业成绩的回归分析

经检验,数学学业情绪的维度对数学学业成绩直接回归拟合效果不佳,因此,进一步探讨数学学业情绪的维度下的 13 个因子与数学学业成绩之间的相

互影响程度。以数学学业情绪维度下的因子为预测变量,数学学业成绩为因变量,进行回归分析,结果见表4-2-1。

表4-2-1 数学学业情绪维度下的因子对数学学业成绩的回归分析[a]

维度	因子	非标准化系数 B	标准误差	标准化系数 Beta	t	显著性
	(常量)	88.868	9.335		9.520	0.000
数学学习过程积极情绪	喜欢	2.286	1.400	0.079	1.633	0.103
	愉快	-0.683	1.819	-0.019	-0.376	0.707
	兴奋	2.613	1.610	0.089	1.623	0.105
数学学习过程消极情绪	厌倦	1.477	1.408	0.046	1.049	0.295
	烦躁	-2.426	1.476	-0.069	-1.644	0.101
	担心	-3.587	1.264	-0.132	-2.838	0.005
	焦虑	-3.528	1.270	-0.125	-2.779	0.006
数学学习结果积极情绪	自豪	1.453	1.664	0.039	0.873	0.383
	感激	5.793	1.358	0.207	4.267	0.000
	鼓舞	-2.931	1.682	-0.078	-1.742	0.082
数学学习结果消极情绪	羞愧	1.026	1.256	0.033	0.817	0.414
	愤怒	2.061	1.317	0.067	1.565	0.118
	沮丧	-1.572	1.390	-0.054	-1.131	0.259

a. 因变量:数学学业成绩。

数学学业情绪维度下的因子对数学学业成绩的回归模型的调整 R^2 值为 0.224,说明数学学业情绪维度下的因子能够预测数学学业成绩 22.4% 的变异量。

由表4-2-1可知,数学学习过程消极情绪维度下的担心、焦虑情绪因子、数学学习结果积极情绪维度下的感激情绪因子对数学学业成绩的回归分析显著性水平 P 值分别为 0.005、0.006、0.000,均小于 0.050,回归模型系数分别为 -0.132、-0.125、0.207,说明数学学习过程消极情绪维度下的担心、焦虑情绪因子、数学学习结果积极情绪维度下的感激情绪因子对数学学业成绩具有显著负向影响。数学学习结果积极情绪维度下的感激情绪因子对数学学业成绩具有显著正向影响。数学学业情绪的喜欢因子、愉快因子、兴奋因子、厌倦因子、烦躁因子、自豪因子、鼓舞因子、羞愧因子、愤怒因子、沮丧因子对数学学业成绩的回归分析显著性水平 P 值均大于0.050，说明数学学业情绪的喜欢因子、愉快因子、兴奋因子、厌倦因子、烦躁因子、自豪因子、鼓舞因子、羞愧因子、愤怒因子、沮丧因子对数学学业成绩的影响不显著。

以上分析结果表明，对数学学业成绩负向影响最大的是作为数学学习过程消极情绪的担心情绪因子和焦虑情绪因子。如果学生在数学学习过程中（包括"教师的课堂抽问""课堂小测试""考试前的紧张焦虑""考试后的试卷讲评课"）一直感受到较多的担心和焦虑，则他们的数学学业成绩可能会受到比较严重的影响。在数学学业成绩不尽如人意的学生看来，哪怕是一件微小的数学学习事件，都可能引起他们较大的情绪波动。这就要求教师在教学过程中需要特别注意对学生消极数学学业情绪的关注。例如，在课堂抽问中，若学生未能正确回答问题，教师切忌对学生进行挖苦、讥讽，否则这可能进一步增大这些学生对数学课堂抽问的担心情绪。在数学考试结束后的讲评课，需要特别关注学生的课堂状态，尤其是需要重点关注那些坐立不安、表情凝重的学生，这样的学生可能在数学考试中未能取得良好结果。教师要特别注意，试卷讲评课不是简单的"对答案"课，既要分析命题思路，又要关注学生的消极情绪，并及时疏导。

对学生数学学业成绩正向影响最大的数学学业情绪是数学学习结果积极情绪维度下的感激情绪因子。从分析结果来看，如果能意识到对"数学学习结果"的考查所起到的查漏补缺（例如"数学考试让我发现了自身的学习漏洞并改正，因此我很感谢数学考试"）、开拓视野（例如"我很感谢数学试卷中出现的从未见过的、开拓自己视野的新题型"）作用的学生，往往具有较为优秀的数学学业成绩。这一研究结果表明，在试卷讲评课当中，教师要特别关注创新题型，这种题型往往学生的得分率较低，数学学业情绪也较易受此影响，要注意在分析创新题型的命题、解题思路的同时，及时将学生的注意力从分数得失转移到对创新题型命题特点和解题思路的积累上，逐步使学生明白对数学学习结果的考查具有查漏补缺、开拓视野的作用。

4.3 数学时间自我维度下的因子、数学学业成绩的回归分析

4.3.1 数学时间自我维度下的因子对数学学业成绩的回归分析

经检验,数学时间自我的维度对数学学业成绩直接回归拟合效果不佳,因此,进一步探讨数学时间自我维度下的因子对数学学业成绩的影响程度。以数学时间自我维度下的因子为预测变量,数学学业成绩为因变量,进行回归分析,结果见表4-3-1。

表4-3-1 数学时间自我维度下的因子对数学学业成绩的回归分析[a]

维度	因子	非标准化系数 B	标准误差	标准化系数 Beta	t	显著性
	(常量)	41.367	5.148		8.035	0.000
数学过去自我	数学过去自我认知	-7.571	1.906	-0.213	-3.972	0.000
	数学过去自我信念	2.322	1.763	0.059	1.317	0.188
数学现在自我	数学现在自我认知	10.906	2.783	0.315	3.919	0.000
	数学现在自我信念	8.757	2.514	0.215	3.483	0.001
数学将来自我	数学将来自我认知	5.908	2.407	0.176	2.454	0.014
	数学将来自我信念	2.011	2.351	0.049	0.855	0.393

a. 因变量:数学学业成绩。

数学时间自我维度下的因子对数学学业成绩的回归模型的调整 R^2 值为 0.258,说明数学时间自我维度下的因子能够预测数学学业成绩 25.8% 的变

异量。

由表4-3-1可知,数学时间自我维度下的数学过去自我认知因子、数学现在自我认知因子、数学现在自我信念因子、数学将来自我认知因子对数学学业成绩显著性水平 P 值分别为0.000、0.000、0.001、0.014,均小于0.050,回归模型系数分别为-0.213、0.315、0.215、0.176,说明数学现在自我认知因子、数学现在自我信念因子、数学将来自我认知因子对数学学业成绩具有显著正向影响,数学过去自我认知因子对数学学业成绩具有显著负向影响。数学过去自我信念因子、数学将来自我信念因子的回归分析显著性 P 值分别为0.188、0.393,均大于0.050,说明数学过去自我信念因子、数学将来自我信念因子对数学学业成绩的影响不显著。

数学过去自我认知因子对数学学业成绩的回归分析结果表明,对自己过去的数学认知评价过高的学生,现在的学习成绩却可能不尽如人意,该部分学生过去对数学较高的自我认知可能引发了"以前明明可以做好,现在却做不好"这样的想法,这也影响了这部分数学学业成绩。而对自己过去的数学自我认知评价不高的学生,现在反而可能取得较为良好的数学学业成绩,可能是因为他们现在相较于过去在数学学科上的进步激励了他们的数学学习信心,促使他们提升了数学学业成绩。

数学现在自我认知因子、数学现在自我信念因子的回归分析表明,较高的数学现在自我认知、数学现在自我信念能够提升数学学业成绩,而较低的数学现在自我认知、数学现在自我信念则会影响数学学业成绩。

数学将来自我认知因子对数学学业成绩的回归分析表明,数学学业成绩较高的学生,对数学各知识模块的认知也较高,有较强的数学学习记忆力、理解力和想象能力,并且往往还包含在数学学科上继续深造的规划。

4.3.2 数学时间自我维度下的因子对数学学业成绩的回归模型优化

在4.3.1节中进行了数学时间自我维度下的因子对数学学业成绩的回归分析,但该回归模型的调整 R^2 值为0.258,调整 R^2 值较低,说明数学时间自我与数学学业成绩的回归模型存在一定的优化空间。

数学将来自我可以根据时间跨度进一步分为数学近期将来自我因子和数学远期将来自我因子。其中,时间跨度大于一年、超出当前学习阶段(在本研究中是指超出高中学习阶段的大学学习阶段或职业生涯阶段)的自我评判与预估,可以归为远期将来自我因子。时间对于将来自我的表征是有影响的,相比近期将来自我因子,个体对远期将来自我因子的正向行为表征水平更高。因此,在修订后的回归模型中对数学将来自我信念因子进行优化。以修订后的数学时间自我维度下的因子(数学过去自我认知、数学过去自我信念、数学现在自我认知、数学现在自我信念、数学将来自我认知、数学远期将来自我信念)为预测变量,数学学业成绩为因变量,进行回归分析,优化后的回归分析结果见表4-3-2。

表4-3-2 数学时间自我维度下的因子对数学学业成绩的回归分析(优化)[a]

维度	因子	非标准化系数 B	标准误差	标准化系数 Beta	t	显著性
	(常量)	39.736	5.212		7.625	0.000
数学过去自我	数学过去自我认知	-6.514	1.698	-0.183	-3.838	0.000
数学现在自我	数学现在自我认知	10.886	2.756	0.315	3.949	0.000
	数学现在自我信念	7.956	2.115	0.196	3.761	0.000
数学将来自我	数学将来自我认知	4.836	2.373	0.144	2.038	0.042
	数学远期将来自我信念	5.200	1.297	0.169	4.010	0.000

a.因变量:数学学业成绩。

数学远期将来自我信念因子对数学学业成绩的回归分析显著性水平 P 值为0.000,小于0.050,回归模型系数为0.169,大于0,说明数学远期将来自我信念因子对数学学业成绩具有显著正向影响,并且修订后数学时间自我对数学学业成绩的回归模型的调整 R^2 值达到了0.296,高于4.3.1节中数学时间自我对数学学业成绩的回归模型的调整 R^2 值0.258,说明修订后的数学时间自我能够解释数学学业成绩29.6%的变异量。优化后的模型的拟合效果优于4.3.1节中的模型。

4.4 数学学业情绪、数学时间自我维度下的因子、数学学业成绩的回归分析

以数学学业情绪对数学学业成绩影响显著的因子(担心、焦虑、感激)、数学时间自我对数学学业成绩影响显著的因子(数学过去自我认知、数学现在自我认知、数学现在自我信念、数学将来自我认知、数学远期将来自我信念)为预测变量,数学学业成绩为因变量,进行回归分析,结果见表4-4-1。

表4-4-1 数学学业情绪、数学时间自我维度下的因子对数学学业成绩的回归分析[a]

维度	因子	非标准化系数 B	标准误差	标准化系数 Beta	t	显著性
	(常量)	53.574	8.138		6.584	0.000
数学学习过程消极情绪	担心	-1.877	1.157	-0.067	-2.823	0.005
	焦虑	-1.888	1.124	-0.069	-2.279	0.023
数学学习结果积极情绪	感激	1.979	1.246	0.071	4.589	0.000
数学过去自我	过去自我认知	-6.191	1.675	-0.224	-3.696	0.000
数学现在自我	数学现在自我认知	10.494	2.260	0.303	4.643	0.000
	数学现在自我信念	4.098	2.038	0.201	2.713	0.007
数学将来自我	数学将来自我认知	2.406	2.360	0.072	2.010	0.044
	数学远期将来自我信念	4.429	1.314	0.144	3.370	0.001

a. 因变量:数学学业成绩。

由表4-4-1可知,数学学业情绪的担心因子、焦虑因子、感激因子和数学时间自我的数学过去自我认知因子、数学现在自我认知因子、数学现在自我信念因子、数学将来自我认知因子、数学远期将来自我信念因子对数学学业成绩的回归分析显著性水平 P 值分别为 0.005、0.023、0.000、0.000、0.000、0.007、0.044、0.001,均小于0.050,说明数学学业情绪的担心因子、焦虑因子、感激因子和数学时间自我的数学过去自我认知因子、数学现在自我认知因子、数学现在自我信念因子、数学将来自我认知因子、数学远期将来自我信念因子对数学学业成绩具有显著影响。该回归模型的调整 R^2 值达到0.358,说明上述因子能够预测数学学业成绩的35.8%变异量。基于回归模型系数,可得数学学业情绪下的因子、数学时间自我维度下的因子对数学学业成绩的回归方程为:数学学业成绩 = -1.877×担心 -1.888×焦虑 +1.979×感激 6.191×数学过去自我认知 +10.494×数学现在自我认知 +4.098×数学现在自我信念 +2.406×数学将来自我认知 +4.429×数学远期将来自我信念 +53.574。

第 5 章 数学焦虑、数学学习策略的关系研究

5.1 数学焦虑、数学学习策略的相关性研究

5.1.1 数学焦虑、数学学习策略的相关性分析

对数学焦虑、数学学习策略进行相关性分析,结果见表 5-1-1。

表 5-1-1 数学焦虑、数学学习策略的相关性分析

	统计量	数学学习策略
数学焦虑	Pearson 相关性	0.756**
	显著性	0.000

注:** 表示在 0.010 级别,相关性显著。

由表 5-1-1 可知,数学焦虑、数学学习策略的相关性分析的显著性水平 P 值为 0.000,小于 0.050,相关性系数为 0.756,大于 0,说明数学焦虑与数学学习策略之间存在显著的正相关关系。

5.1.2 数学焦虑的维度、数学学习策略的相关性分析

数学焦虑的维度(数学应试焦虑、数学考试结果焦虑、数学作业焦虑、数学教师焦虑、数学被观察焦虑、数学课堂焦虑)、数学学习策略的相关性分析结果,见表 5-1-2。

表 5-1-2　数学焦虑的维度、数学学习策略的相关性分析

维度	统计量	数学应试焦虑	数学考试结果焦虑	数学作业焦虑	数学教师焦虑	数学被观察焦虑	数学课堂焦虑	数学新知识学习焦虑
数学应试焦虑	Pearson 相关性	1.000						
数学考试结果焦虑	Pearson 相关性	0.361	1.000					
	显著性	0.000						
数学作业焦虑	Pearson 相关性	0.220	0.456	1.000				
	显著性	0.000	0.000					
数学教师焦虑	Pearson 相关性	0.203	0.336	0.519	1.000			
	显著性	0.000	0.000	0.000				
数学被观察焦虑	Pearson 相关性	0.497	0.560	0.564	0.558	1.000		
	显著性	0.000	0.000	0.000	0.000			
数学课堂焦虑	Pearson 相关性						1.000	
	显著性							
数学新知识学习焦虑	Pearson 相关性							1.000
	显著性	0.000	0.000	0.000	0.000	0.000		

由表 5-1-2 可知，数学焦虑的维度、数学学习策略的相关性分析的显著性水平 P 值均为 0.000，均小于 0.050，相关性系数分别为 0.497、0.560、0.564、0.558，均大于 0，说明数学焦虑的维度与数学学习策略之间存在显著的正相关关系。

5.1.3　数学学习策略的维度、数学焦虑的相关性分析

数学学习策略的维度(数学认知策略、数学元认知策略、数学资源管理策略)、数学焦虑的相关性分析结果，见表 5-1-3。

表 5-1-3　数学学习策略的维度、数学焦虑的相关性分析

维度	统计量	数学认知策略	数学元认知策略	数学资源管理策略
数学焦虑	Pearson 相关性	0.058	0.380	0.293
	显著性	0.000	0.000	0.000

由表 5-1-3 可知,数学学习策略的数学认知策略维度、数学元认知策略维度、数学资源管理策略维度与数学焦虑的相关性分析的显著性水平 P 值均为 0.000,均小于 0.050,相关性系数分别为 0.058、0.380、0.293,均大于 0,说明数学学习策略的维度与数学焦虑之间存在显著的正相关关系。

5.2　数学焦虑、数学学习策略的回归分析

通过回归分析,进一步探讨数学焦虑与数学学习策略之间的相互影响程度。

5.2.1　数学焦虑对数学学习策略的回归分析

以数学焦虑为预测变量,数学学习策略为因变量,进行回归模型显著性检验,结果见表 5-2-1。

表 5-2-1　数学焦虑对数学学习策略的回归模型显著性检验[a]

模型		平方和	df	均方	F	显著性
1	回归	4.343	1	4.343	22.493	0.000[b]
	残差	57.534	298	0.193		
	总计	61.877	299			

a. 因变量:数学学习策略。

b. 预测变量:(常量),数学焦虑。

由表 5-2-1 可知,数学焦虑对数学学习策略的回归模型显著性水平 P 值为 0.000,小于 0.010,说明该回归模型具备有效性。

利用回归系数中的 t 检验可得出数学焦虑(预测变量)与数学学习策略(因变量)之间存在的回归方程,相应的回归分析结果见表 5-2-2。

表 5-2-2　数学焦虑对数学学习策略的回归分析[a]

模型		非标准化系数		标准化系数	t	显著性	共线性统计量	
		B	标准误差	Beta			容差	VIF
1	（常量）	2.760	0.127		21.769	0.000		
	数学焦虑	0.184	0.038	0.268	4.792	0.000	1.000	1.000

a. 因变量：数学学习策略。

由表 5-2-2 可知，数学焦虑对数学学习策略的回归分析显著性水平 P 值为 0.000，小于 0.050，回归模型系数为 0.268，大于 0，说明数学焦虑对数学学习策略具有显著正向影响。数学焦虑对数学学习策略的共线性分析 VIF 值小于 5，说明数学焦虑对数学学习策略不存在多重共线性。基于回归模型系数，可得数学焦虑对数学学习策略的回归方程为：数学学习策略 = 0.184 × 数学焦虑 + 2.760。

5.2.2　数学学习策略对数学焦虑的回归分析

以数学学习策略作为预测变量，数学焦虑作为因变量，进行回归模型显著性检验，结果见表 5-2-3。

表 5-2-3　数学学习策略对数学焦虑的回归模型显著性检验[a]

模型		平方和	df	均方	F	显著性
1	回归	9.333	1	9.333	22.962	0.000[b]
	残差	120.315	296	0.406		
	总计	129.648	297			

a. 因变量：数学焦虑。
b. 预测变量：（常量），数学学习策略。

由表 5-2-3 可知，数学学习策略对数学焦虑的回归模型显著性水平 P 值为 0.000，小于 0.010，说明该回归模型具备有效性。

利用回归系数中的 t 检验可得出数学学习策略（预测变量）与数学焦虑（因变量）之间存在的回归方程，相应的回归分析结果见表 5-2-4。

表 5-2-4　数学学习策略对数学焦虑的回归分析[a]

模型		非标准化系数		标准化系数	t	显著性	共线性统计量	
		B	标准误差	Beta			容差	VIF
1	（常量）	1.925	0.277		6.956	0.000		
	数学学习策略	0.392	0.082	0.268	4.792	0.000	1.000	1.000

a. 因变量：数学焦虑。

由表 5-2-4 可知，数学学习策略对数学焦虑的回归分析显著性水平 P 值为 0.000，小于 0.050，回归模型系数为 0.268，大于 0，说明数学学习策略对数学焦虑具有显著正向影响。数学学习策略对数学焦虑的共线性分析 VIF 值小于 5，说明数学学习策略对数学焦虑不存在多重共线性。基于回归模型系数，可得数学学习策略对数学焦虑的回归方程为：数学焦虑 = 0.392 × 数学学习策略 + 1.925。

5.2.3　数学学习策略的维度对数学焦虑的回归分析

以数学学习策略的维度为预测变量，数学焦虑为因变量，进行回归模型显著性检验，结果见表 5-2-5。

表 5-2-5　数学学习策略的维度对数学焦虑的回归模型显著性检验[a]

模型		平方和	df	均方	F	显著性
1	回归	15.880	8	1.985	5.042	0.000[b]
	残差	113.769	289	0.394		
	总计	129.648	297			

a. 因变量：数学焦虑。

b. 预测变量：（常量），数学认知策略、数学元认知策略、数学资源管理策略。

由表 5-2-5 可知，数学学习策略的维度对数学焦虑的回归模型显著性水平 P 值为 0.000，小于 0.010，说明该回归模型具备有效性。

以数学学习策略的维度为预测变量，数学焦虑为因变量，进行回归分析，结果见 5-2-6。

表5-2-6 数学学习策略的维度对数学焦虑的回归分析[a]

模型		非标准化系数		标准化系数	t	显著性	共线性统计量	
		B	标准误差	Beta			容差	VIF
1	(常量)	1.793	0.277		6.472	0.000		
	数学认知策略	0.173	0.044	0.231	3.966	0.000	0.897	1.114
	数学元认知策略	0.066	0.049	0.086	1.358	0.000	0.749	1.335
	数学资源管理策略	0.009	0.045	0.013	0.211	0.000	0.806	1.241

a.因变量:数学焦虑。

由表5-2-6可知,数学学习策略的维度对数学焦虑的回归分析显著性水平 P 值均为0.000,均小于0.050,回归模型系数分别为0.231、0.086、0.013,均大于0,说明数学学习策略的维度对数学焦虑具有显著正向影响。数学学习策略的维度对数学焦虑的共线性分析VIF值均小于5,说明数学学习策略的维度对数学焦虑不存在多重共线性。基于回归模型系数,可得数学学习策略的维度对数学焦虑的回归方程为:数学焦虑 = 0.173×数学认知策略 + 0.066×数学元认知策略 + 0.009×数学资源管理策略。

第6章 数学学习心理弹性、数学学习压力应对方式的关系研究

6.1 数学学习心理弹性、数学学习压力应对方式的相关性研究

6.1.1 数学学习心理弹性、数学学习压力应对方式的相关性分析

对数学学习心理弹性、数学学习压力应对方式进行相关性分析,结果见表6-1-1。

表6-1-1 数学学习心理弹性、数学学习压力应对方式的相关性分析

	统计量	数学学习压力应对方式
数学学习心理弹性	Pearson 相关性	0.452**
	显著性	0.000

注:**表示在0.010级别,相关性显著。

由表6-1-1可知,数学学习心理弹性、数学学习压力应对方式的相关性分析的显著性水平 P 值为0.000,小于0.050,相关性系数为0.452,大于0,说明数学学习心理弹性与数学学习压力应对方式之间存在显著的正相关关系。

6.1.2 数学学习心理弹性的维度、数学学习压力应对方式的相关性分析

数学学习心理弹性的维度(数学目标专注、数学情绪控制、数学积极认知、数学家庭支持、数学人际协助)、数学学习压力应对方式的相关性分析结果,见表6-1-2。

表6-1-2 数学学习心理弹性的维度、数学学习压力应对方式的相关性分析

维度	统计量	数学目标专注	数学情绪控制	数学积极认知	数学人际协助	数学家庭支持	数学学习压力应对方式
数学目标专注	Pearson 相关性	1.000					
	显著性						
数学情绪控制	Pearson 相关性	0.512**	1.000				
	显著性	0.000					
数学积极认知	Pearson 相关性	0.526**	0.370**	1.000			
	显著性	0.000	0.000				
数学人际协助	Pearson 相关性	0.589**	0.383**	0.431**	1.000		
	显著性	0.000	0.000	0.000			
数学家庭支持	Pearson 相关性	0.601**	0.405**	0.541**	0.761**	1.000	
	显著性	0.000	0.000	0.000	0.000		
数学学习压力应对方式	Pearson 相关性	0.412**	0.319**	0.273**	0.381**	0.375**	1.000
	显著性	0.000	0.000	0.000	0.000	0.000	

注:** 表示在0.010级别,相关性显著。

由表6-1-2可知,数学学习心理弹性的维度、数学学习压力应对方式的相关性分析的显著性水平 P 值均为0.000,均小于0.050,相关性系数分别为0.412、0.319、0.273、0.381、0.375,均大于0,说明数学学习心理弹性的维度与数学学习压力应对方式之间存在显著的正相关关系。

6.1.3 数学学习压力应对方式的维度、数学学习心理弹性的相关性分析

数学学习压力应对方式的维度(数学问题解决、数学求助、数学退避、数学发泄、数学幻想、数学忍耐)、数学学习心理弹性的相关性分析结果,见表6-1-3。

表6-1-3 数学学习压力应对方式的维度、数学学习心理弹性的相关性分析

维度	统计量	数学问题解决	数学求助	数学退避	数学发泄	数学幻想	数学忍耐	数学学习心理弹性
数学问题解决	Pearson相关性	1.000						
	显著性							
数学求助	Pearson相关性	0.480**	1.000					
	显著性	0.000						
数学退避	Pearson相关性	-0.481**	-0.727**	1.000				
	显著性	0.000	0.000					
数学发泄	Pearson相关性	0.374**	0.530**	0.695**	1.000			
	显著性	0.000	0.000	0.000				
数学幻想	Pearson相关性	-0.436**	-0.600**	0.673**	0.762**	1.000		
	显著性	0.000	0.000	0.000	0.000			
数学忍耐	Pearson相关性	0.467**	0.540**	0.630**	0.703**	0.804**	1.000	
	显著性	0.000	0.000	0.000	0.000	0.000		
数学学习心理弹性	Pearson相关性	0.309**	0.366**	-0.397**	-0.348**	0.399**	0.388**	1.000
	显著性	0.000	0.000	0.000	0.000	0.000	0.000	

注:** 表示在0.010级别,相关性显著。

由表6-1-3可知,数学学习压力应对方式的数学问题解决维度、数学求助维度、数学发泄维度、数学忍耐维度与数学学习心理弹性的相关性分析的显著性水平P值均为0.000,均小于0.050,相关性系数分别为0.309、0.366、0.399、0.388,均大于0,说明数学问题解决维度、数学求助维度、数学发泄维度、数学忍耐维度与数学学习心理弹性之间存在显著的正相关关系。数学退避维度、数学幻想维度与数学学习心理弹性的相关性分析的显著性水平P值均为0.000,均小于0.050,相关性系数分别为-0.397、-0.348,均小于0,说明数学退避维度、数学幻想维度与数学学习心理弹性之间存在显著的负相关关系。

6.2 数学学习心理弹性、数学学习压力应对方式的回归分析

通过回归分析,进一步探讨数学学习心理弹性与数学学习压力应对方式之间的相互影响程度。

6.2.1 数学学习心理弹性对数学学习压力应对方式的回归分析

以数学学习心理弹性为预测变量,数学学习压力应对方式为因变量,进行回归模型显著性检验,结果见表6-2-1。

表6-2-1 数学学习心理弹性对数学学习压力应对方式的回归模型显著性检验[a]

模型		平方和	df	均方	F	显著性
1	回归	38.417	1	38.417	150.883	0.000[b]
	残差	149.458	587	0.255		
	总计	187.875	588			

a.因变量:数学学习压力应对方式。
b.预测变量:(常量),数学学习心理弹性。

由表6-2-1可知,数学学习心理弹性对数学学习压力应对方式的回归模型显著性水平P值为0.000,小于0.010,说明该回归模型具备有效性。

利用回归系数中的t检验可得出数学学习心理弹性(预测变量)与数学学习压力应对方式(因变量)之间存在的回归方程,相应的回归分析结果见表6-2-2。

表6-2-2 数学学习心理弹性对数学学习压力应对方式的回归分析[a]

模型		非标准化系数		标准化系数	t	显著性	共线性统计量	
		B	标准误差	Beta			容差	VIF
1	（常量）	2.159	0.124		17.356	0.000		
	数学学习心理弹性	0.437	0.036	0.452	12.283	0.000	1.000	1.000

a. 因变量：数学学习压力应对方式。

由表6-2-2可知，数学学习心理弹性对数学学习压力应对方式的回归分析显著性水平 P 值为0.000，小于0.050，回归模型系数为0.452，大于0，说明数学学习心理弹性对数学学习压力应对方式具有正向显著影响。数学学习心理弹性对数学学习压力应对方式的共线性分析VIF值小于5，说明数学学习心理弹性对数学学习压力应对方式不存在多重共线性。基于回归模型系数，可得数学学习心理弹性对数学学习压力应对方式的回归方程为：数学学习压力应对方式=0.437×数学学习心理弹性+2.159。

6.2.2 数学学习压力应对方式对数学学习心理弹性的回归分析

以数学学习压力应对方式为预测变量，数学学习心理弹性为因变量，进行回归模型显著性检验，结果见表6-2-3。

表6-2-3 数学学习压力应对方式对数学学习心理弹性的回归模型显著性检验[a]

模型		平方和	df	均方	F	显著性
1	回归	41.130	1	41.130	150.883	0.000[b]
	残差	160.013	587	0.273		
	总计	201.143	588			

a. 因变量：数学学习心理弹性。
b. 预测变量：(常量)，数学学习压力应对方式。

由表6-2-3可知，数学学习压力应对方式对数学学习心理弹性的回归模型显著性水平 P 值为0.000，小于0.010，说明该回归模型具备有效性。

利用回归系数中的 t 检验可得出数学学习压力应对方式（预测变量）与数学学习心理弹性（因变量）之间存在的回归方程，相应的回归分析结果见表6-

2-4。

表6-2-4 数学学习压力应对方式对数学学习心理弹性的回归分析[a]

模型		非标准化系数		标准化系数	t	显著性	共线性统计量	
		B	标准误差	Beta			容差	VIF
1	（常量）	1.732	0.141		12.260	0.000		
	数学学习压力应对方式	0.468	0.038	0.452	12.283	0.000	1.000	1.000

a.因变量:数学学习心理弹性。

由表6-2-4可知,数学学习压力应对方式对数学学习心理弹性的回归分析显著性水平 P 值为0.000,小于0.050,回归模型系数为0.452,大于0,说明数学学习压力应对方式对数学学习心理弹性具有正向显著影响。数学学习压力应对方式对数学学习心理弹性的共线性分析VIF值小于5,说明数学学习压力应对方式对数学学习心理弹性不存在多重共线性。基于回归模型系数,可得数学学习压力应对方式对数学学习心理弹性的回归方程为:数学学习心理弹性 = 0.468 × 数学学习压力应对方式 + 1.732。

6.2.3 数学学习心理弹性的维度对数学学习压力应对方式的回归分析

以数学学习心理弹性的维度为预测变量,数学学习压力应对方式为因变量,进行回归模型显著性检验,结果见表6-2-5。

表6-2-5 数学学习心理弹性的维度对数学学习压力应对方式的回归模型显著性检验[a]

模型		平方和	df	均方	F	显著性
1	回归	41.808	6	6.968	25.452	0.000[b]
	残差	159.335	582	0.274		
	总计	201.143	588			

a.因变量:数学学习压力应对方式。

b.预测变量:(常量),数学目标专注,数学情绪控制,数学积极认知,数学家庭支持,数学人际协助。

由表6-2-5可知,数学学习心理弹性的维度对数学学习压力应对方式的回归模型显著性水平 P 值为0.000,小于0.010,说明该回归模型具备有效性。

以数学学习心理弹性的维度为预测变量,数学学习压力应对方式为因变量,进行回归分析,结果见表6-2-6。

表6-2-6　数学学习心理弹性的维度对数学学习压力应对方式的回归分析[a]

模型		非标准化系数		标准化系数	t	显著性	共线性统计量	
		B	标准误差	Beta			容差	VIF
1	(常量)	2.205	0.126		17.493	0.000		
	数学目标专注	0.152	0.038	0.210	4.002	0.000	0.491	2.038
	数学情绪控制	0.008	0.037	0.010	0.219	0.027	0.636	1.571
	数学积极认知	0.077	0.028	0.119	2.733	0.006	0.715	1.399
	数学人际协助	0.108	0.045	0.140	2.383	0.017	0.393	2.545
	数学家庭支持	0.074	0.052	0.089	1.437	0.015	0.352	2.838

a. 因变量:数学学习压力应对方式。

由表6-2-6可知,数学学习心理弹性的维度对数学学习压力应对方式的回归分析显著性水平 P 值分别为0.000、0.027、0.006、0.017、0.015,均小于0.050,回归模型系数分别为0.210、0.010、0.119、0.140、0.089,均大于0,说明数学学习心理弹性的维度对数学学习压力应对方式具有显著正向影响。数学学习心理弹性的维度对数学学习压力应对方式的共线性分析VIF值均小于5,说明数学学习心理弹性的维度对数学学习压力应对方式不存在多重共线性。基于回归模型系数,可得数学学习心理弹性的维度对数学学习压力应对方式的回归方程为:数学学习压力应对方式=0.152×数学目标专注+0.008×数学情绪控制+0.077×数学积极认知+0.108×数学人际协助+0.074×数学家庭支

持 +2.205。

6.2.4 数学学习压力应对方式的维度对数学学习心理弹性的回归分析

以数学学习压力应对方式的维度为预测变量,数学学习心理弹性因变量,进行回归模型显著性检验,结果见表6-2-7。

表6-2-7 数学学习压力应对方式的维度对数学学习心理弹性的回归模型显著性检验[a]

模型		平方和	df	均方	F	显著性
1	回归	41.808	6	6.968	25.452	0.000[b]
	残差	159.335	582	0.274		
	总计	201.143	588			

a. 因变量:数学学习心理弹性。

b. 预测变量:(常量),数学忍耐,数学问题解决,数学求助,数学发泄,数学退避,数学幻想。

由表6-2-7可知,数学学习压力应对方式的维度对数学学习心理弹性的回归模型显著性水平 P 值为0.000,小于0.010,说明该回归模型具备有效性。

以数学学习压力应对方式的维度为预测变量,数学学习心理弹性为因变量,进行回归分析,结果见表6-2-8。

表6-2-8 数学学习心理弹性的维度对数学学习压力应对方式的回归分析[a]

模型		非标准化系数		标准化系数	t	显著性	共线性统计量	
		B	标准误差	Beta			容差	VIF
1	(常量)	1.713	0.159		10.765	0.000		
	数学问题解决	0.121	0.041	0.096	2.182	0.000	0.696	1.436
	数学求助	0.102	0.046	0.089	1.576	0.000	0.431	2.320
	数学退避	-0.082	0.059	-0.132	-2.030	0.012	0.324	3.083
	数学发泄	0.035	0.054	0.001	0.019	0.043	0.344	2.910
	数学幻想	-0.094	0.054	-0.127	-1.749	0.000	0.258	3.873
	数学忍耐	0.073	0.055	0.111	1.697	0.030	0.317	3.150

a. 因变量:数学学习心理弹性。

由表6-2-8可知,数学学习压力应对方式的数学问题解决维度、数学求助维度、数学发泄维度、数学忍耐维度与数学学习心理弹性的回归分析显著性水平 P 值分别为0.000、0.000、0.043、0.030,均小于0.050,回归模型系数分别为0.096、0.089、0.001、0.111,均大于0,说明数学问题解决维度、数学求助维度、数学发泄维度、数学忍耐维度对数学学习心理弹性具有显著正向影响。数学退避维度、数学幻想维度对数学学习心理弹性的回归分析显著性水平 P 值分别为0.012、0.000,均小于0.050,回归模型系数分别为-0.132、-0.127,均小于0,说明数学退避维度、数学幻想维度对数学学习心理弹性具有显著负向影响。数学学习压力应对方式的维度对数学学习心理弹性的共线性分析VIF值均小于5,说明数学学习压力应对方式的维度对数学学习心理弹性不存在多重共线性。基于回归模型系数,可得数学学习压力应对方式的维度对数学学习心理弹性的回归方程为:数学学习心理弹性 = 0.121×数学问题解 + 0.102×数学求助 + 0.035×数学发泄 + 0.073×数学忍耐 - 0.082×数学退避 - 0.094×数学幻想 + 1.713。

第7章 日常性数学学业复原力、数学反思性学习的关系研究

7.1 日常性数学学业复原力、数学反思性学习的相关性研究

7.1.1 日常性数学学业复原力、数学反思性学习的相关性分析

对日常性数学学业复原力、数学反思性学习进行相关性分析,结果见表7-1-1。

表7-1-1 日常性数学学业复原力、数学反思性学习的相关性分析

	统计量	数学反思性学习
日常性数学学业复原力	Pearson 相关性	0.393**
	显著性	0.029

注:**表示在0.010级别,相关性显著。

由表7-1-1可知,日常性数学学业复原力、数学反思性学习的相关性分析的显著性水平P值为0.029,小于0.050,相关性系数为0.393,大于0,说明日常性数学学业复原力与数学反思性学习之间存在显著的正相关关系。

7.1.2 日常性数学学业复原力的维度、数学反思性学习的相关性分析

日常性数学学业复原力的维度(自我效能感、执行力、外在支持、情绪稳定

性)、数学反思性学习的相关性分析结果,见表7-1-2。

表7-1-2 日常性数学学业复原力的维度、数学反思性学习的相关性分析

数学反思性学习	统计量	自我效能感	执行力	外在支持	情绪稳定性
	Pearson 相关性	-0.096**	0.201**	0.217**	0.074*
	显著性	0.005	0.000	0.000	0.030

注：* 表示在 0.050 级别,相关性显著。

** 表示在 0.010 级别,相关性显著。

由表7-1-2可知,日常性数学学业复原力的执行力维度、外在支持维度、情绪稳定性维度与数学反思性学习的相关性分析的显著性水平 P 值分别为 0.000、0.000、0.030,均小于 0.050,相关性系数分别为 0.201、0.217、0.074,说明在执行力维度、外在支持维度、情绪稳定性维度与数学反思性学习之间存在显著的正相关关系。自我效能感维度与数学反思性学习的相关性分析的显著性水平 P 值为 0.005,小于 0.050,相关性系数为 -0.096,说明自我效能感维度与数学反思性学习之间存在显著的负相关关系。

7.1.3 数学反思性学习的维度、日常性数学学业复原力的相关性分析

数学反思性学习的维度(反思意识、反思习惯、反思内容、反思技能、反思毅力、反思指导)、日常性数学学业复原力进行相关性分析,结果见表7-1-3。

表7-1-3 数学反思性学习的维度、日常性数学学业复原力的相关性分析

日常性数学学业复原力	统计量	反思意识	反思习惯	反思内容	反思技能	反思毅力	反思指导
	Pearson 相关性	0.025*	-0.026*	0.024*	0.028*	0.085*	0.016*
	显著性	0.042	0.044	0.008	0.016	0.013	0.042

注：* 表示在 0.050 级别,相关性显著。

由表7-1-3可知,数学反思性学习的反思意识维度、反思内容维度、反思技能维度、反思毅力维度、反思指导维度与日常性数学学业复原力的相关性分析的显著性水平 P 值分别为 0.042、0.008、0.016、0.013、0.042,均小于 0.050,相关性系数分别为 0.025、0.024、0.028、0.085、0.016,说明反思意识维度反思内容维度、反思技能维度、反思毅力维度、反思指导维度与日常性数学学业复原力之间存在显著的正相关关系。反思习惯维度与日常性数学学业复原力的相

关性分析的显著性水平 P 值为 0.044,小于 0.050,相关性系数为 -0.026,小于 0,说明反思习惯维度与日常性数学学业复原力之间存在显著的负相关关系。

由 7.1.1、7.1.2、7.1.3 节可知,日常性数学学业复原力水平的高低对数学反思性学习水平有显著的影响,二者之间存在显著的正相关关系。即日常性数学学业复原力水平越高,其数学反思性学习水平就越高,若具有更高水平的日常性数学学业复原力,会对其改善提升自己的数学反思性学习有着明显的帮助。

7.2 日常性数学学业复原力、数学反思性学习的回归分析

7.2.1 日常性数学学业复原力的维度对数学反思性学习的回归分析

以日常性数学学业复原力的维度为预测变量,数学反思性学习为因变量,进行线性回归分析,得到回归模型见表 7-2-1。

表 7-2-1 日常性数学学业复原力的维度对数学反思性学习的模型汇总[e]

模型	R	R^2	调整 R^2	标准估计的误差
1	0.096[a]	0.009	0.008	5.514
2	0.225[b]	0.051	0.049	5.400
3	0.287[c]	0.082	0.076	5.312
4	0.287[d]	0.082	0.078	5.315

a. 预测变量:(常量),自我效能感。
b. 预测变量:(常量),自我效能感,执行力。
c. 预测变量:(常量),自我效能感,执行力,外在支持。
d. 预测变量:(常量),自我效能感,执行力,外在支持,情绪稳定性。
e. 因变量:数学反思性学习。

由表 7-2-1 可知,模型 1 的 R^2 值为 0.009,调整 R^2 值为 0.008;模型 2 的 R^2 值为 0.051,调整 R^2 值为 0.049;模型 3 的 R^2 值为 0.082,调整 R^2 值为 0.076;模型 4 的 R^2 值为 0.082,调整 R^2 值为 0.078。调整 R^2 值的大小排序为:

模型 4 > 模型 3 > 模型 2 > 模型 1,说明模型 4 所对应的回归方程具有更好的拟合度,日常性数学学业复原力的维度能够预测数学反思性学习 7.8% 的变异量。

以日常性数学学业复原力的维度为预测变量,数学反思性学习为因变量,进行回归模型显著性检验,结果见表 7-2-2。

表 7-2-2 日常性数学学业复原力的维度对数学反思性学习的回归模型显著性检验[a]

模型		平方和	df	均方	F	显著性
1	回归	239.403	1	239.403	7.875	0.005[b]
	残差	25932.908	853	30.402		
	总计	26172.311	854			
2	回归	1327.914	2	663.957	22.769	0.000[c]
	残差	24844.397	852	29.160		
	总计	26172.311	854			
3	回归	2155.841	3	718.614	25.463	0.000[d]
	残差	24016.470	851	28.221		
	总计	26172.311	854			
4	回归	2156.734	4	539.183	19.084	0.000[e]
	残差	24015.577	850	28.254		
	总计	26172.311	854			

a. 因变量:数学反思性学习。
b. 预测变量:(常量),自我效能感。
c. 预测变量:(常量),自我效能感,执行力。
d. 预测变量:(常量),自我效能感,执行力,外在支持。
e. 预测变量:(常量),自我效能感,执行力,外在支持,情绪稳定性。

由表 7-2-2 可知,模型 1、模型 2、模型 3、模型 4 的回归模型显著性水平 P 值分别为 0.005、0.000、0.000、0.000,均小于 0.050,说明这四个模型均具备有效性。

以日常性数学学业复原力的维度为预测变量,数学反思性学习为因变量,进行回归分析,结果见表 7-2-3。

表 7-2-3　日常性数学学业复原力的维度对数学反思性学习的回归分析[a]

模型		非标准化系数 B	标准误差	标准化系数 Beta	t	显著性	共线性统计量 容差	VIF
1	（常量）	99.224	1.501		66.097	0.000	1.0000	1.000
	自我效能感	0.302	0.108	0.096	2.806	0.005	1.0000	1.000
2	（常量）	88.704	2.264		39.180	0.000	1.0000	1.000
	自我效能感	0.319	0.105	0.101	3.023	0.003	1.0000	1.000
	执行力	0.696	0.114	0.204	6.110	0.000	1.0000	1.000
3	（常量）	80.845	2.658		30.413	0.000	1.0000	1.000
	自我效能感	0.336	0.104	0.106	3.235	0.001	1.0000	1.000
	执行力	0.551	0.115	0.161	4.780	0.000	1.0000	1.000
	外在支持	0.646	0.119	0.183	5.416	0.000	1.0000	1.000
4	（常量）	80.648	2.882		27.986	0.000	1.0000	1.000
	自我效能感	0.338	0.105	0.107	3.230	0.001	1.0000	1.000
	执行力	0.544	0.121	0.159	4.485	0.000	1.0000	1.000
	外在支持	0.645	0.120	0.183	5.381	0.000	1.0000	1.000
	情绪稳定性	0.022	0.124	0.006	0.178	0.019	1.0000	1.000

a. 因变量：数学反思性学习。

由表 7-2-3 可知,日常性数学学业原复力的维度对数学反思性学习的回归分析显著性水平 P 值分别为 0.001、0.000、0.000、0.019,均小于 0.050,回归模型系数分别为 0.107、0.159、0.183、0.006,均大于 0,说明日常性数学学业复原力的维度对数学反思性学习具有显著正向影响。日常性数学学业复原力对数学反思性学习的共线性分析 VIF 值小于 5,说明日常性数学学业复原力对数学反思性学习不存在多重共线性。基于回归模型系数,可得日常性数学学业复原力的维度对数学反思性学习的回归方程为:数学反思性学习 = 0.338×自我效能感 + 0.544×执行力 + 0.645×外在支持 + 0.022×情绪稳定性 + 80.648。

7.2.2 数学反思性学习的维度对日常性数学学业复原力的回归分析

以数学反思性学习的维度为预测变量,日常性数学学业复原力为因变量,进行线性回归分析,得到回归模型见表7-2-4。

表7-2-4 数学反思性学习的维度对日常性数学学业复原力的模型汇总[a]

模型	R	R^2	调整 R^2	标准估计的误差
1	0.025[a]	0.022	0.021	3.299
2	0.046[b]	0.027	0.024	3.298
3	0.052[c]	0.026	0.026	3.299
4	0.058[d]	0.031	0.028	3.300
5	0.104[e]	0.034	0.032	3.290
6	0.104[f]	0.037	0.036	3.292

a. 因变量:日常性数学学业复原力。

b. 预测变量:(常量),反思意识。

c. 预测变量:(常量),反思意识,反思习惯。

d. 预测变量:(常量),反思意识,反思习惯,反思内容。

e. 预测变量:(常量),反思意识,反思习惯,反思内容,反思技能。

f. 预测变量:(常量),反思意识,反思习惯,反思内容,反思技能,反思毅力。

由表7-2-4可知,模型1的 R^2 值为0.022,调整 R^2 值为0.021;模型2的 R^2 值为0.027,调整 R^2 值为0.024;模型3的 R^2 值为0.026,调整 R^2 值为0.026;模型4的 R^2 值为0.031,调整 R^2 值为0.028;模型5的 R^2 值为0.034,调整 R^2 值为0.032;模型6的 R^2 值为0.037,调整 R^2 值为0.036。调整 R^2 值的大小排序为:模型6>模型5>模型4>模型3>模型2>模型1,说明模型6所对应的回归方程具有更好的拟合度。

以数学反思性学习日的维度为预测变量,常性数学学业复原力为因变量,进行回归模型显著性检验,结果见表7-2-5。

表7-2-5　数学反思性学习的维度对日常性数学学业复原力的回归模型显著性检验[a]

模型		平方和	df	均方	F	显著性
1	回归	1127.924	1	1127.924	49.082	0.000[b]
	残差	14247.814	620	22.980		
	总计	15375.738	621			
2	回归	1997.622	2	998.811	46.215	0.000[c]
	残差	13378.116	619	21.612		
	总计	15375.738	621			
3	回归	2434.357	3	811.452	38.750	0.000[d]
	残差	12941.381	618	20.941		
	总计	15375.738	621			
4	回归	2872.418	4	718.104	35.436	0.000[e]
	残差	12503.320	617	20.265		
	总计	15375.738	621			
5	回归	3517.922	5	703.584	36.550	0.000[f]
	残差	11857.815	616	19.250		
	总计	15375.738	621			
6	回归	3712.801	6	618.800	32.630	0.000[g]
	残差	11662.937	615	18.964		
	总计	15375.738	621			

a. 因变量:日常性数学学业复原力。
b. 预测变量:(常量),反思意识。
c. 预测变量:(常量),反思意识,反思习惯。
d. 预测变量:(常量),反思意识,反思习惯,反思内容。
e. 预测变量:(常量),反思意识,反思习惯,反思内容,反思技能。
f. 预测变量:(常量),反思意识,反思习惯,反思内容,反思技能,反思毅力。
g. 预测变量:(常量),反思意识,反思习惯,反思内容,反思技能,反思毅力,反思指导。

由表7-2-5可知,模型1、模型2、模型3、模型4、模型5、模型6的显著性水平P值均为0.000,均小于0.050,说明这六个模型均具备有效性。

以数学反思性学习的维度为预测变量,日常性数学学业复原力为因变量,进行回归分析,结果见表7-2-6。

表7-2-6 数学反思性学习的维度对日常性数学学业复原力的回归分析[a]

模型		非标准化系数 B	标准误差	标准化系数 Beta	t	显著性
1	(常量)	48.252	1.714		28.149	0.000
	反思意识	0.990	0.141	0.271	7.006	0.000
2	(常量)	41.242	1.996		20.662	0.000
	反思意识	0.695	0.145	0.190	4.804	0.000
	反思习惯	0.681	0.107	0.251	6.344	0.000
3	(常量)	37.648	2.117		17.787	0.000
	反思意识	0.501	0.149	0.137	3.373	0.001
	反思习惯	0.501	0.113	0.185	4.445	0.000
	反思内容	0.453	0.099	0.195	4.567	0.000
4	(常量)	34.498	2.190		15.756	0.000
	反思意识	0.356	0.150	0.097	2.379	0.018
	反思习惯	0.370	0.114	0.137	3.238	0.001
	反思内容	0.282	0.104	0.121	2.705	0.007
	反思技能	0.441	0.095	0.210	4.649	0.000
5	(常量)	32.344	2.166		14.931	0.000
	反思意识	0.304	0.146	0.083	2.084	0.038
	反思习惯	0.262	0.113	0.097	2.317	0.021
	反思内容	0.172	0.103	0.074	1.662	0.097
	反思技能	0.339	0.094	0.162	3.600	0.000
	反思毅力	0.762	0.132	0.236	5.791	0.000

续表

模型		非标准化系数		标准化系数	t	显著性
		B	标准误差	Beta		
6	（常量）	29.428	2.335		12.606	0.000
	反思意识	0.259	0.146	0.071	1.782	0.075
	反思习惯	0.287	0.112	0.106	2.552	0.011
	反思内容	0.142	0.103	0.061	1.382	0.167
	反思技能	0.286	0.095	0.137	3.019	0.003
	反思毅力	0.711	0.132	0.220	5.403	0.000
	反思指导	0.446	0.139	0.121	3.206	0.001

a. 因变量：数学日常性学业复原力。

由表7-2-6可知，数学反思性学习的反思习惯维度、反思技能维度、反思毅力维度、反思指导维度对日常性数学学业复原力的回归分析显著性水平 P 值分别为0.011、0.003、0.000、0.001，均小于0.050，回归模型系数分别为0.106、0.137、0.220、0.121，均大于0，反思习惯维度、反思技能维度、反思毅力维度、反思指导维度对日常性数学学业复原力具有显著正向影响。反思意识维度、反思内容维度对日常性数学学业复原力的回归分析显著性 P 值分别为0.075、0.167，均大于0，说明反思意识维度、反思内容维度对日常性数学学业复原力的影响不显著。基于回归模型系数，可得数学反思性学习的维度对日常性数学学业复原力的回归方程为：日常性数学学业复原力 = 0.259 × 反思意识 + 0.287 × 反思习惯 + 0.142 × 反思内容 + 0.286 × 反思技能 + 0.711 × 反思毅力 + 0.446 × 反思指导 + 29.428。

第8章 数学文化素养、数学元认知、数学教育教学能力的关系研究

8.1 数学文化素养与数学元认知的关系

8.1.1 数学文化素养、数学元认知的相关性分析

为了研究数学文化素养及维度对数学元认知影响的具体形式,以单因素方差为判断标准,从数学文化素养及维度(专业素养、人文底蕴、思想精神、技术素养)着手,对数学元认知进行方差分析,结果见表8-1-1。

表8-1-1 数学文化素养及维度对数学元认知的方差分析

维度	统计量	平方和	df	均方	F	显著性
数学文化素养	组间	78.503	74	0.901	4.573	0.000
	组内	108.328	373	0.147		
	总数	193.831	447			
专业素养	组间	70.513	74	0.953	3.235	0.000
	组内	109.872	373	0.295		
	总数	180.384	447			
人文底蕴	组间	61.847	74	0.836	4.560	0.000
	组内	68.371	373	0.183		
	总数	130.218	447			

续表

维度	统计量	平方和	df	均方	F	显著性
思想精神	组间	59.750	74	0.807	4.470	0.000
	组内	67.370	373	0.181		
	总数	127.120	447			
技术素养	组间	60.591	74	0.819	2.082	0.000
	组内	146.685	373	0.393		
	总数	207.277	447			

由表 8-1-1 可知,数学文化素养及专业素养维度、人文底蕴维度、思想精神维度、技术素养维度对数学元认知的方差分析显著性水平 P 值均为 0.000,均小于 0.050,说明数学文化素养及其维度对数学元认知具有显著影响。

对数学文化素养及维度、数学元认知进行相关性分析,结果见表 8-1-2。

表 8-1-2　数学文化素养及维度、数学元认知的相关性分析

	统计量	数学文化素养	专业素养	人文底蕴	思想精神	技术素养
数学元认知	Pearson 相关性	0.664**	0.521**	0.601**	0.587**	0.365**
	显著性	0.000	0.000	0.000	0.000	0.000
	平方与叉积的和	72.894	79.318	77.786	74.973	59.501
	协方差	0.163	0.177	0.174	0.168	0.133

注:** 表示在 0.010 级别,相关性显著。

由表 8-1-2 可知,数学文化素养、数学元认知的相关性分析的显著性水平 P 值 0.000,小于 0.050,相关性系数为 0.664,大于 0,说明数学文化素养与数学元认知之间存在显著的正相关关系。数学文化素养的专业素养维度、人文底蕴维度、思想精神维度、技术素养维度与数学元认知的相关性分析的显著性水平 P 值均为 0.000,均小于 0.050,相关性系数分别为 0.521、0.601、0.587、0.365,均大于 0,说明专业素养维度、人文底蕴维度、思想精神维度、技术素养维度与数学元认知之间存在显著的正相关关系。

8.1.2 数学文化素养与数学元认知的回归分析

为了进一步探讨数学文化素养与数学元认知之间的相互影响程度,以数学文化素养的维度为预测变量,数学元认知为因变量,进行线性回归分析,得到回归模型见表 8-1-3。

表 8-1-3　数学文化素养的维度对数学元认知的模型汇总[c]

模型	R	R^2	调整 R^2	标准估计的误差
1	0.664[a]	0.441	0.439	0.401
2	0.680[b]	0.463	0.458	0.395

a.预测变量:(常量),数学文化素养。

b.预测变量:(常量),专业素养,人文底蕴,思想精神,技术素养。

c.因变量:数学元认知。

由表 8-1-3 可以看出,模型 1 的 R^2 值为 0.441,调整 R^2 值为 0.439,说明数学文化素养能够预测数学元认知 43.9% 的变异量。模型 2 的 R^2 值为 0.463,调整 R^2 值为 0.458,说明数学文化素养的维度能够预测数学元认知 45.8% 的变异量。调整 R^2 值的大小排序为:模型 2>模型 1,说明模型 2 所对应的回归方程具有更好的似合度。

以数学文化素养的维度为预测变量,数学元认知为因变量,进行回归分析,结果见表 8-1-4。

表 8-1-4　数学文化素养的维度对数学元认知的回归分析[a]

模型		非标准化系数 B	标准误差	标准系数 Beta	t	显著性
1	(常量)	0.942	0.157		5.999	0.000
	数学文化素养	0.777	0.041	0.664	18.748	0.000
2	(常量)	0.831	0.158		5.251	0.000
	专业素养	0.148	0.038	0.175	3.855	0.000
	人文底蕴	0.266	0.051	0.267	5.175	0.000
	思想精神	0.287	0.047	0.286	6.095	0.000
	技术素养	0.093	0.030	0.118	3.112	0.002

a.因变量:数学元认知。

由表 8-1-4 可知,数学文化素养的维度对数学元认知的回归分析显著性水平 P 值分别为 0.000、0.000、0.000、0.002,均小于 0.050,回归模型系数分别为 0.175、0.267、0.286、0.118,均大于 0,说明数学文化素养的维度对数学元认知具有显著正向影响。基于回归模型系数,可得数学文化素养的维度对数学元认知回归方程为:数学元认知 = 0.148 × 专业素养 + 0.266 × 人文底蕴 + 0.287 × 思想精神 + 0.093 × 技术素养 + 0.831。

8.2 数学文化素养与数学教育教学能力的关系

8.2.1 数学文化素养、数学教育教学能力的相关性分析

为了研究数学文化素养对数学教育教学能力影响的具体形式,以单因素方差为判断标准,从数学文化素养及维度(专业素养、人文底蕴、思想精神、技术素养)着手,对数学教育教学能力进行方差分析,结果见表 8-2-1。

表 8-2-1 数学文化素养及维度对数学教育教学能力的方差分析

维度	统计量	平方和	df	均方	F	显著性
数学文化素养	组间	89.675	171	0.476	2.674	0.000
	组内	80.574	276	0.283		
	总计	180.228	447			
专业素养	组间	95.612	171	0.559	1.820	0.000
	组内	84.772	276	0.307		
	总数	180.384	447			
人文底蕴	组间	79.675	171	0.466	2.544	0.000
	组内	50.544	276	0.183		
	总数	130.218	447			
思想精神	组间	78.407	171	0.459	2.598	0.000
	组内	48.713	276	0.176		
	总数	127.120	447			

续表

维度	统计量	平方和	df	均方	F	显著性
技术素养	组间	100.497	171	0.588	1.519	0.001
	组内	106.780	276	0.387		
	总数	207.277	447			

由表8-2-1可知,数学文化素养及专业素养维度、人文底蕴维度、思想精神维度、技术素养维度对数学教育教学能力的方差分析显著性水平 P 值分别为 0.000、0.000、0.000、0.001,均小于0.050,说明数学文化素养及维度对数学教育教学能力具有显著影响。

对数学文化素养及维度、数学教育教学能力进行相关性分析,结果见表8-2-2。

表8-2-2 数学文化素养及维度、数学教育教学能力的相关性分析

	统计量	数学文化素养	专业素养	人文底蕴	思想精神	技术素养
数学教育教学能力	Pearson 相关性	0.607**	0.478**	0.606**	0.543**	0.282**
	显著性	0.000	0.000	0.000	0.000	0.000
	平方与叉积的和	66.645	72.804	78.340	69.422	46.013
	协方差	0.149	0.163	0.175	0.155	0.103

注:** 表示在0.010级别,相关性显著。

由表8-2-2可知,数学文化素养、数学教育教学能力的相关性分析的显著性水平 P 值为0.000,小于0.050,相关性系数为0.607,大于0,说明数学文化素养与数学教育教学能力之间存在显著的正相关关系。数学文化素养的专业素养维度、人文底蕴维度、思想精神维度、技术素养维度与数学教育教学能力的相关性分析的显著性水平 P 值均为0.000,均小于0.050,相关性系数分别为 0.478、0.606、0.543、0.282,均大于0,说明专业素养维度、人文底蕴维度、思想精神维度、技术素养维度与数学教育教学能力之间存在显著的正相关关系。

8.2.2 数学文化素养与数学教育教学能力回归分析

为了进一步探讨数学文化素养与数学教育教学能力之间的相互影响程度,以数学文化素养的维度为预测变量,数学教育教学能力为因变量,进行线性回归分析,得到回归模型见表8-2-3。

表8-2-3 数学文化素养的维度对数学教育教学能力的模型汇总[c]

模型	R	R^2	调整 R^2	标准估计的误差
1	0.607[a]	0.369	0.367	0.426
2	0.646[b]	0.418	0.412	0.411

a. 预测变量:(常量),数学文化素养。

b. 预测变量:(常量),专业素养,人文底蕴,思想精神,技术素养。

c. 因变量:数学教育教学能力。

由表8-2-3可知,模型1的R^2值为0.369,调整R^2值为0.367,说明数学文化素养能够预测数学教育教学能力36.7%的变异量。模型2的R^2值为0.418,调整R^2值为0.412,说明数学文化素养的维度能够预测数学教育教学能力41.2%的变异量。调整R^2值的大小排序为:模型2>模型1,说明模型2所对应的回归方程具有更好的拟合度。

以数学文化素养的维度为预测变量,数学教育教学能力为因变量,进行回归分析,结果见表8-2-4。

表8-2-4 数学文化素养的维度对数学教育教学能力的回归分析[a]

模型		非标准化系数 B	标准误差	标准系数 Beta	t	显著性
1	(常量)	1.295	0.167		7.764	0.000
	数学文化素养	0.710	0.044	0.607	16.139	0.000
2	(常量)	1.153	0.165		6.998	0.000
	专业素养	0.105	0.040	0.124	2.626	0.009
	人文底蕴	0.362	0.053	0.365	6.780	0.000
	思想精神	0.233	0.049	0.232	4.754	0.000
	技术素养	0.031	0.031	0.039	0.985	0.025

a. 因变量:数学教育教学能力。

由表 8-2-4 可知,数学文化素养的维度对数学教育教学能力的回归分析显著性水平 P 值分别为 0.009、0.000、0.000、0.025,均小于 0.050,回归模型系数分别为 0.124、0.365、0.232、0.039,均大于 0,说明数学文化素养的维度对数学教育教学能力具有显著正向影响。基于回归模型系数,可得数学文化素养的维度对数学教育教学能力的回归方程为:数学教育教学能力 = 0.105 × 专业素养 + 0.362 × 人文底蕴 + 0.233 × 思想精神 + 0.031 × 技术素养 + 1.153。

8.3 数学元认知与数学教育教学能力的关系

8.3.1 数学元认知、数学教育教学能力的相关性分析

为了研究数学元认知对数学教育教学能力影响的具体形式,以单因素方差为判断标准,从数学元认知及维度(数学元认知知识、数学元认知体验、数学元认知监控)着手,对数学教育教学能力进行方差分析,结果见表 8-3-1。

表 8-3-1 数学元认知及维度对数学教育教学能力的方差分析

维度	统计量	平方和	df	均方	F	显著性
数学元认知	组间	113.904	171	0.658	3.762	0.000
	组内	48.762	276	0.183		
	总数	155.710	447			
数学元认知知识	组间	115.964	171	0.678	3.759	0.000
	组内	49.786	276	0.180		
	总数	165.750	447			
数学元认知体验	组间	112.988	171	0.661	3.878	0.000
	组内	47.028	276	0.170		
	总数	160.016	447			
数学元认知监控	组间	107.216	171	0.627	3.550	0.000
	组内	48.745	276	0.177		
	总数	155.961	447			

由表 8-3-1 可知,数学元认知及数学元认知知识、数学元认知体验、数学元认知监控对数学教育教学能力的方差分析显著性水平 P 值均为 0.000,均小于 0.050,说明数学元认知及维度对数学教育教学能力具有显著影响。

对数学元认知及维度、数学教育教学能力进行相关性分析,结果见表 8-3-2 所示。

表 8-3-2　数学元认知及维度、数学教育教学能力的相关性分析

	统计量	数学元认知	数学元认知知识	数学元认知体验	数学元认知监控
数学教育教学能力	Pearson 相关性	0.776**	0.681**	0.693**	0.710**
	显著性	0.000	0.000	0.000	0.000
	平方与叉积的和	99.669	99.307	99.264	100.436
	协方差	0.223	0.222	0.222	0.225

注:** 表示在 0.010 级别,相关性显著。

由表 8-3-2 可知,数学元认知、数学教育教学能力的相关性分析的显著性水平 P 值为 0.000,小于 0.050,相关性系数为 0.776,大于 0,说明数学元认知与数学教育教学能力之间存在显著的正相关关系。数学元认知的数学元认知知识、数学元认知体验、数学元认知监控维度与数学数学教育教学能力的相关性分析的显著性水平 P 值均为 0.000,均小于 0.050,相关性系数分别为 0.681、0.693、0.710,均大于 0,说明数学元认知知识维度、数学元认知体验维度、数学元认知监控维度与数学教育教学能力之间存在显著的正相关关系。

8.3.2　数学元认知与数学教育教学能力回归分析

为了进一步探讨数学元认知与数学教育教学能力之间的相互影响程度,以数学元认知的维度为预测变量,数学教育教学能力为因变量,进行线性回归分析,得到回归模型见表 8-3-3。

表 8-3-3　数学元认知的维度对数学教育教学能力的模型汇总[c]

模型	R	R^2	调整 R^2	标准估计的误差
1	0.776[a]	0.602	0.601	0.338
2	0.778[b]	0.605	0.602	0.338

a. 预测变量:(常量),数学元认知。

b. 预测变量:(常量),元认知知识、元认知体验、元认知监控。

c. 因变量:数学教育教学能力。

由表8-2-3可知,模型1的R^2值为0.602,调整R^2值为0.601,说明数学元认知能够预测数学教育教学能力60.1%的变异量。模型2的R^2值为0.605,调整R^2值为0.602,说明数学元认知的维度能够预测数学教育教学能力60.2%的变异量。调整R^2值的大小排序为:模型2>模型1,说明模型2所对应的回归方程具有更好的拟合度。

以数学元认知的维度为预测变量,数学教育教学能力为因变量,进行回归分析,结果见表8-3-4。

表8-3-4 数学元认知的维度对数学教育教学能力的回归分析[a]

模型		非标准化系数		标准系数	t	显著性
		B	标准误差	Beta		
1	(常量)	0.969	0.116		8.320	0.000
	数学元认知	0.776	0.030	0.776	25.985	0.000
2	(常量)	0.958	0.117		8.219	0.000
	元认知知识	0.242	0.039	0.275	6.134	0.000
	元认知体验	0.212	0.044	0.237	4.858	0.000
	元认知监控	0.324	0.041	0.357	7.897	0.000

a. 因变量:数学教育教学能力。

由表8-3-4可知,数学元认知的维度对数学教育教学能力的回归分析显著性水平P值均为0.000,均小于0.050,回归模型系数分别为0.275、0.237、0.357,均大于0,说明数学元认知的维度对数学教育教学能力具有显著正向影响。基于回归模型系数,可得数学元认知的维度对数学教育教学能力的回归方程为:数学教育教学能力=0.242×元认知知识+0.212×元认知体验+0.324×元认知监控+0.958。

8.4 数学元认知在数学文化素养与数学教育教学能力之间的调节效应分析

由8.1、8.2、8.3节可以发现,数学文化素养、数学元认知、数学教育教学能力两两之间存在显著的相关关系,数学文化素养对数学元认知和数学教育教学能力具有显著影响,数学元认知对数学教育教学能力也具有显著影响。那么,数学元认知在数学文化素养影响数学教育教学能力时起到了什么作用?因此,在探讨这三者两两之间的关系基础上,进一步对这三种变量的关系进行了深入的探讨。以数学文化素养为自变量、数学教育教学能力为因变量,数学元认知为调节变量进行调节效应分析。

为了探讨数学元认知在数学文化素养和数学教育教学能力之间起到什么作用,利用PROCESS插件验证数学元认知在数学文化素养和数学教育教学之间的调节效应,结果见表8-4-1。

表8-4-1 数学元认知在数学文化素养与数学教育教学中的调节效应检验[d]

模型	R	R^2	调整R^2	标准估计的误差	ΔR^2	ΔF	df1	df2	显著性	DW
1	0.235[a]	0.055	0.051	0.522	0.055	12.993	2	445	0.000	
2	0.790[b]	0.624	0.620	0.330	0.569	334.639	2	443	0.000	
3	0.790[c]	0.624	0.619	0.331	0.000	0.000	1	442	0.998	1.818

a. 预测变量:(常量),年级,性别。
b. 预测变量:(常量),年级,性别,数学文化素养,数学元认知。
c. 预测变量:(常量),年级,性别,数学文化素养,数学元认知,数学文化素养*数学元认知(交互项)。
d. 因变量:数学教育教学能力。

由表8-4-1可知,在对性别、年级因素进行控制后,数学文化素养、数学元认知对数学教育教学能力的影响显著。而在加入数学文化素养和数学元认知的交互项作为预测变量时,数学文化素养、数学元认知对数学教育教学能力的影响不显著,说明数学元认知在数学文化素养与数学教育教学能力的调节效应不显著。

8.5 数学元认知在数学文化素养与数学教育教学能力之间的中介效应分析

在 8.4 节中,调节效应检验的结果显示数学元认知在数学文化素养与数学教育教学能力之间的调节效应不显著,但在前面的关系分析中得到三个变量两两之间有显著的相关性,并且在前面的回归分析中得到了数学文化素养和数学元认知对数学教育教学能力存在显著影响。

为了进一步探讨数学文化素养、数学元认知和数学教育教学能力的关系,检验数学元认知的中介作用,构建三个变量之间的关系模型。在结构方程模型中,以数学文化素养为预测变量,数学教育教学能力为因变量,数学元认知为中介变量建立中介效应路径模型图,见图 8-5-1,模型拟合指标以及标准化回归系数,见表 8-5-1、表 8-5-2。

表 8-5-1　数学元认知在数学文化素养与数学教育教学能力之间的
中介效应模型拟合指数

模型指标	CMIN/DF	IFI	TLI	NFI	CFI	GFI	RMSEA
参考值	<3	>0.9	>0.9	>0.9	>0.9	>0.9	<0.08
测量值	1.873	0.987	0.983	0.973	0.987	0.970	0.044

由表 8-5-1 可知,该模型的数据拟合结果:χ^2/df 值为 2.219,RMSEA 值为 0.052,小于 0.080,IFI 值、TLI 值、NFI 值、CFI 值、GFI 值分别为 0.987、0.983、0.973、0.987、0.970,均大于 0.9,说明模型的各项拟合指数均达到可接受的标准,可进行下面的中介效应分析。

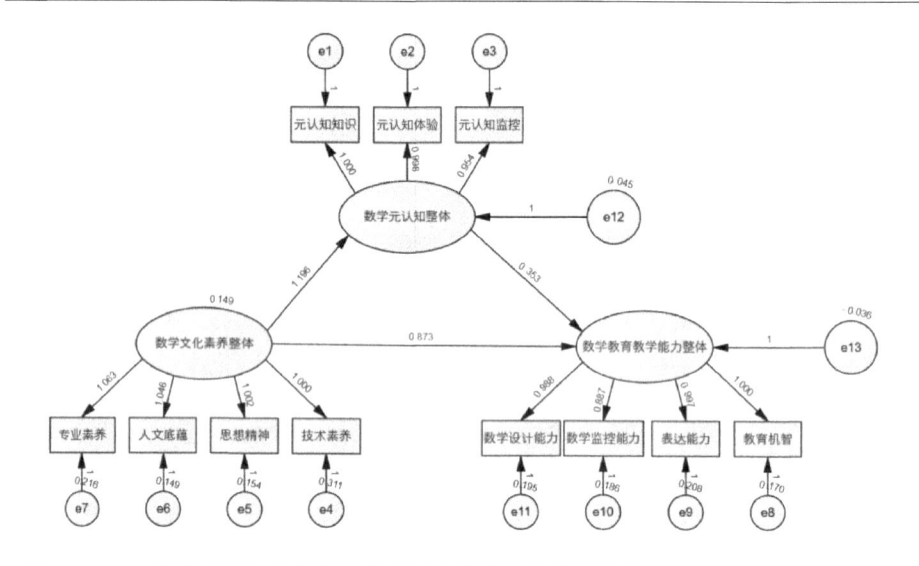

图 8-5-1　数学元认知在数学文化素养与数学教育教学能力之间的中介效应路径模型

注：数学元认知知识、数学元认知体验、数学元认知监控简写为元认知知识、元认知体验、元认知监控。

表 8-5-2　数学元认知在数学文化素养与数学教育教学能力之间的标准化回归系数

因变量	指向	自变量	Estimate	S. E.	C. R.	显著性
数学元认知整体	←	数学文化素养整体	1.196	0.103	11.571	***
数学教育教学能力整体	←	数学元认知整体	0.353	0.110	3.197	0.001
数学教育教学能力整体	←	数学文化素养整体	0.873	0.164	5.333	***
数学元认知知识	←	数学元认知整体	1.000			
数学元认知体验	←	数学元认知整体	0.998	0.048	20.844	***
数学元认知监控	←	数学元认知整体	0.954	0.047	20.138	***
技术素养	←	数学文化素养整体	1.000			
思想精神	←	数学文化素养整体	1.002	0.087	11.574	***
人文底蕴	←	数学文化素养整体	1.046	0.089	11.797	***
专业素养	←	数学文化素养整体	1.064	0.095	11.139	***
教育机智	←	数学教育教学能力整体	1.000			
表达能力	←	数学教育教学能力整体	0.997	0.061	16.395	***
教学监控能力	←	数学教育教学能力整体	0.887	0.056	15.844	***
教学设计能力	←	数学教育教学能力整体	0.988	0.060	16.606	***

注：*** 表示 $P<0.001$。

由图 8-5-1、表 8-5-2 可知,数学文化素养整体对数学元认知具有显著的正向预测作用($\beta=1.196, P<0.001$),数学文化素养对数学教育教学能力整体的正向预测作用不显著($\beta=0.873, P<0.001$),数学元认知整体对数学教育教学能力整体具有显著正向预测作用($\beta=-0.353, P<0.050$)。有两条路径的回归系数均显著,这两条路径均有意义,说明模型与样本数据拟合度良好。

进一步利用 Bootstrap 分析方法检验中介效应是否显著,有放回地重复取样 5000 次,根据 95% 的置信区间是否包含 0 来检验显著性,分析结果见表 8-5-3。

表 8-5-3　数学元认知在数学文化素养与数学教育教学能力之间的中介效应分析

统计量	效应值	Boot CI 下限	Boot CI 上限	显著性	效应占比
间接效应	0.441	0.362	0.532	0.000	47.27%
直接效应	0.492	0.432	0.552	0.000	52.73%
总效应	0.933	0.877	0.988	0.000	

由表 8-5-3 可知,数学文化素养对数学教育教学能力的影响可以分为直接和间接两条路径,两条路径的 Bootstrap 95% 置信区间的上、下限均不包括 0,说明数学文化素养对数学教育教学能力的影响通过数学元认知传递的中介效应显著。

第9章 数学学习动机、数学创新意识、数学学业成绩的关系研究

9.1 数学学习动机、数学创新意识、数学学业成绩的相关性研究

9.1.1 数学学习动机、数学创新意识的相关性分析

对数学学习动机、数学创新意识进行相关性分析,结果见表9-1-1。

表9-1-1 数学学习动机、数学创新意识的相关性分析

	统计量	数学创新意识
数学学习动机	Pearson 相关性	0.385**
	显著性	0.000

注:** 表示在0.010级别,相关性显著。

由表9-1-1可知,数学学习动机、数学创新意识的相关性分析的显著性水平 P 值为0.000,小于0.050,相关性系数为0.385,大于0,说明数学学习动机与数学创新意识之间存在显著的正相关关系。

9.1.2 数学学习动机的维度、数学创新意识的相关性分析

对数学学习动机的维度(认知性动机、外部动机、成就需要)、数学创新意识进行相关性分析,结果见表9-1-2。

表9-1-2 数学学习动机的维度、数学创新意识的相关性分析

数学创新意识	统计量	认知性动机	外部动机	成就需要
	Pearson 相关性	0.334**	0.149**	0.329**
	显著性	0.000	0.000	0.000

注：** 表示在 0.010 级别，相关性显著。

由表9-1-2可知，数学学习动机的维度、数学创新意识的相关性分析的显著性水平 P 值均为 0.000，均小于 0.050，相关性系数分别为 0.334、0.149、0.329，均大于0，说明数学学习动机的维度与数学创新意识之间存在显著的正相关关系。

9.1.3 数学创新意识的维度、数学学习动机的相关性分析

对数学创新意识的维度（动力系统、智力系统、工作系统）、数学学习动机进行相关性分析，结果见表9-1-3。

表9-1-3 数学创新意识的维度、数学学习动机的相关性分析

数学学习动机	统计量	动力系统	智力系统	工作系统
	Pearson 相关性	0.414**	0.236**	0.220**
	显著性	0.000	0.000	0.000

注：** 表示在 0.010 级别，相关性显著。

由表9-1-3可知，数学创新意识的维度、数学学习动机的相关性分析的显著性水平 P 值均为 0.000，均小于 0.050，相关性系数分别为 0.414、0.236、0.220，均大于0，说明数学创新意识的维度与数学学习动机之间存在显著的正相关关系。

9.1.4 数学学习动机、数学创新意识、数学学业成绩的相关性分析

对数学学习动机、数学学业成绩进行相关性分析，结果见表9-1-4。

表9-1-4 数学学习动机、数学学业成绩的相关性分析

数学学习动机	统计量	数学学业成绩
	Pearson 相关性	0.436**
	显著性	0.000

注：** 表示在 0.010 级别，相关性显著。

由表 9-1-4 可知,数学学习动机、数学学业成绩的相关性分析的显著性水平 P 值为 0.000,小于 0.050,相关性系数为 0.436,大于 0,说明数学学习动机与数学学业成绩之间存在显著的正相关关系。

对数学创新意识、数学学业成绩进行相关性分析,结果见表 9-1-5。

表 9-1-5　数学创新意识、数学学业成绩的相关性分析

	统计量	数学学业成绩
数学创新意识	Pearson 相关性	0.571**
	显著性	0.000

注:** 表示在 0.010 级别,相关性显著。

由表 9-1-5 可知,数学创新意识、数学学业成绩的相关性分析的显著性水平 P 值为 0.000,小于 0.050,相关性系数为 0.571,大于 0,说明数学创新意识与数学学业成绩之间存在显著的正相关关系。

为了进一步探究数学学习动机与数学创新意识之间的关系,以数学学业成绩为控制变量,再一次对数学学习动机与数学创新意识进行偏相关性分析,结果见表 9-1-6。

表 9-1-6　数学学习动机、数学创新意识的偏相关性分析

控制变量		统计量	数学创新意识
数学学业成绩	数学学习动机	Pearson 相关性	0.184**
		显著性	0.000

注:** 表示在 0.010 级别,相关性显著。

由表 9-1-6 可知,数学学习动机、数学创新意识的偏相关性分析的显著性水平 P 值为 0.000,小于 0.050,相关性系数为 0.184,大于 0,说明数学学习动机与数学创新意识之间存在显著的正相关关系。

9.2　数学学习动机、数学创新意识、数学学业成绩的回归分析

由 9.1 节可知,数学学习动机、数学创新意识、数学学业成绩之间存在一定

的相关关系,但并没有具体呈现数学学习动机与数学创新意识的影响程度,为了进一步探讨数学学习动机、数学创新意识、数学学业成绩之间的相互影响程度,需对其做进一步的回归分析。

9.2.1 数学创新意识对数学学习动机的回归分析

以数学创新意识为预测变量,数学学习动机为因变量,进行线性回归分析,得到回归模型见表9-2-1。

表9-2-1 数学创新意识对数学学习动机的模型汇总[b]

模型	R	R^2	调整 R^2	标准估计的误差
1	0.385[a]	0.146	0.148	0.471

a. 预测变量:(常量)数学创新意识。

b. 因变量:数学学习动机。

由表9-2-1可知,模型1的R^2值为0.146,调整R^2值为0.148,说明该回归模型具有良好的拟合度。

以数学创新意识为预测变量,数学学习动机为因变量,进行回归模型显著性检验,结果见表9-2-2。

表9-2-2 数学创新意识对数学学习动机的回归模型显著性检验[a]

模型		平方和	df	均方	F	显著性
1	回归	16.113	1	16.113	72.664	0.000[b]
	残差	92.689	418	0.222		
	总计	108.802	419			

a. 因变量:数学学习动机。

b. 预测变量:(常量),数学创新意识。

由表9-2-2可知,数学创新意识对数学学习动机的回归模型显著性水平P值为0.000,小于0.010,说明该回归模型具备有效性。

利用回归系数中的t检验可得出数学创新意识(预测变量)与数学学习动机(因变量)之间存在的回归方程,相应的回归分析结果见表9-2-3。

表9-2-3 数学创新意识对数学学习动机的回归分析[a]

模型		非标准化系数		标准化系数	t	显著性	共线性统计量	
		B	标准误差	Beta			容差	VIF
1	（常量）	2.224	0.126		17.674	0.000		
	数学创新意识	0.306	0.036	0.385	8.524	0.000	1.000	1.000

a. 因变量：数学学习动机。

由表9-2-3可知，数学创新意识对数学学习动机的回归分析显著性 P 值为0.000，小于0.050，回归模型系数为0.385，大于0，说明数学创新意识对数学学习动机具有显著正向影响。数学创新意识对数学学习动机的共线性分析 VIF 值小于5，说明数学创新意识对数学学习动机不存在多重共线性。基于回归模型系数，可得数学创新意识对数学学习动机的回归方程为：数学学习动机 = 0.306×数学创新意识+2.224。

9.2.2 数学学习动机对数学创新意识的回归分析

以数学学习动机为预测变量，数学创新意识为因变量，进行线性回归分析，得到回归模型见表9-2-4。

表9-2-4 数学学习动机对数学创新意识的模型汇总[b]

模型	R	R^2	调整 R^2	标准估计的误差
1	0.385[a]	0.148	0.146	0.592

a. 预测变量：(常量)，数学学习动机。

b. 因变量：数学创新意识。

由表9-2-4可知，模型1的 R^2 值为0.148，调整 R^2 值为0.146，说明该回归模型具有良好的拟合度。

以数学学习动机为预测变量，数学创新意识为因变量，进行回归模型显著性检验，结果见表9-2-5。

表9-2-5 数学学习动机对数学创新意识的回归方程显著性检验[a]

模型		平方和	df	均方	F	显著性
1	回归	25.487	1	25.487	72.664	0.000[b]
	残差	146.612	418	0.351		
	总计	172.099	419			

a. 因变量:数学创新意识。

b. 预测变量:(常量),数学学习动机。

由表9-2-5可知,数学学习动机对数学创新意识的回归模型显著性水平 P 值为0.000,小于0.010,说明该回归模型具备有效性。

利用回归系数中的 t 检验可得出数学学习动机(预测变量)与数学创新意识(因变量)之间存在的回归方程,相应的回归分析结果见表9-2-6。

表9-2-6 数学学习动机对数学创新意识的回归分析[a]

模型		非标准化系数		标准化系数	t	显著性	共线性统计量	
		B	标准误差	Beta			容差	VIF
1	(常量)	1.860	0.188		9.873	0.000		
	数学学习动机	0.484	0.057	0.385	8.524	0.000	1.000	1.000

a. 因变量:数学创新意识。

由表9-2-6可知,数学学习动机对数学创新意识的回归分析显著性 P 值为0.000,小于0.050,回归模型系数为0.385,大于0,说明数学学习动机对数学创新意识存在显著正向影响。数学学习动机对数学创新意识的共线性分析 VIF 值小于5,说明数学学习动机对数学创新意识之间不存在多重共线性。基于回归模型系数,可得数学学习动机对数学创新意识的回归方程为:数学创新意识 = 0.484 × 数学学习动机 + 1.860。

9.2.3 数学创新意识的维度对数学学习动机的回归分析

以数学创新意识的维度为预测变量,数学学习动机为因变量,进行线性回归分析,得到回归模型见表9-2-7。

表9-2-7　数学创新意识的维度对数学学习动机的模型汇总[d]

模型	R	R^2	调整 R^2	标准估计的误差
1	0.414[a]	0.172	0.170	0.464
2	0.416[b]	0.173	0.169	0.464
3	0.427[c]	0.182	0.177	0.462

a. 预测变量:(常量),动力系统。

b. 预测变量:(常量),动力系统,智力系统。

c. 预测变量:(常量),动力系统,智力系统,工作系统。

d. 因变量:数学学习动机。

由表9-2-7可知,模型1的 R^2 值为0.172,调整 R^2 值为0.170;模型2的 R^2 值为0.173,调整 R^2 值为0.169;模型3的 R^2 值为0.182,调整 R^2 值为0.177。说明模型3的拟合度优于模型1、模型2。

以数学创新意识的维度为预测变量,数学学习动机为因变量,进行回归模型显著性检验,结果见表9-2-8。

表9-2-8　数学创新意识的维度对数学学习动机的回归模型显著性检验[a]

模型		平方和	df	均方	F	显著性
1	回归	18.674	1	18.674	86.606	0.000[b]
	残差	90.128	418	0.216		
	总计	108.802	419			
2	回归	18.854	2	9.427	43.702	0.000[c]
	残差	89.948	417	0.216		
	总计	108.802	419			
3	回归	19.853	3	6.618	30.949	0.000[d]
	残差	88.949	416	0.214		
	总计	108.802	419			

a. 因变量:数学学习动机。

b. 预测变量:(常量),动力系统。

c. 预测变量:(常量),动力系统,智力系统。

d. 预测变量:(常量),动力系统,智力系统,工作系统。

由表9-2-8可知,数学创新意识的维度对数学学习动机的回归模型显著性水平 P 值均为0.000,均小于0.010,说明模型1、模型2、模型3均具备有效性。

以数学创新意识的维度为预测变量,数学学习动机为因变量,进行回归分析,结果见表9-2-9。

表9-2-9 数学创新意识的维度对数学学习动机的回归分析[a]

模型		非标准化系数		标准化系数	t	显著性	共线性统计量	
		B	标准误差	Beta			容差	VIF
1	（常量）	2.326	0.105		22.185	0.000		
	动力系统	0.274	0.029	0.414	9.306	0.000	1.000	1.000
2	（常量）	2.278	0.117		19.396	0.000		
	动力系统	0.260	0.034	0.392	7.704	0.000	0.766	1.305
	智力系统	0.029	0.031	0.046	0.913	0.362	0.766	1.305
3	（常量）	2.181	0.125		17.416	0.000		
	动力系统	0.248	0.034	0.374	7.297	0.000	0.747	1.339
	智力系统	0.012	0.032	0.020	0.383	0.702	0.724	1.381
	工作系统	0.057	0.026	0.103	2.162	0.031	0.862	1.159

a. 因变量:数学学习动机。

由表9-2-9可知,数学创新意识的动力系统维度、工作系统维度对数学学习动机的回归分析显著性 P 值分别为0.000、0.031,均小于0.050,回归模型系数分别为0.374、0.103,均大于0,说明动力系统维度、工作系统维度对数学学习动机存在显著正向影响。数学创新意识的智力系统维度对数学学习动机的回归分析显著性 P 值为0.702,大于0.050,说明智力系统维度对数学学习动机的影响不显著。数学创新意识的维度对数学学习动机的共线性分析 VIF 值为均小于5,说明数学创新意识的维度对数学学习动机不存在多重共线性。基于回归模型系数,可得数学创新意识的维度对数学学习动机的回归方程为:数学

学习动机 = 0.248 × 动力系统 + 0.057 × 工作系统 + 2.181。

9.2.4 数学学习动机的维度对数学创新意识的回归分析

以数学学习动机的维度为预测变量,数学创新意识为因变量,进行线性回归分析,得到回归模型见表9-2-10。

表9-2-10 数学学习动机的维度对数学创新意识的模型汇总[d]

模型	R	R^2	调整R^2	标准估计的误差
1	0.334[a]	0.112	0.110	0.605
2	0.347[b]	0.120	0.116	0.603
3	0.390[c]	0.152	0.146	0.592

a. 预测变量:(常量),认知性动机。
b. 预测变量:(常量),认知性动机,外部动机。
c. 预测变量:(常量),认知性动机,外部动机,成就需要。
d. 因变量:数学创新意识。

由表9-2-10可知,模型1的R^2值为0.112,调整R^2值为0.110;模型2的R^2值为0.120,调整R^2值为0.116;模型3的R^2值为0.152,调整R^2值为0.146。说明模型3的拟合度优于模型1、模型2。

以数学学习动机的维度为预测变量,数学创新意识为因变量,进行回归模型显著性检验,结果见表9-2-11。

表9-2-11 数学学习动机的维度对数学创新意识的回归模型显著性检验[a]

模型		平方和	df	均方	F	显著性
1	回归	19.241	1	19.241	52.614	0.000[b]
	残差	152.859	418	0.366		
	总计	172.099	419			
2	回归	20.675	2	10.337	28.467	0.000[c]
	残差	151.425	417	0.363		
	总计	172.099	419			

续表

模型		平方和	df	均方	F	显著性
3	回归	26.221	3	8.740	24.925	0.000[d]
	残差	145.878	416	0.351		
	总计	172.099	419			

a. 因变量：数学创新意识。

b. 预测变量：(常量)，认知性动机。

c. 预测变量：(常量)，认知性动机，外部动机。

d. 预测变量：(常量)，认知性动机，外部动机，成就需要。

由表 9-2-11 可知，数学创新意识的维度对数学学习动机的回归模型显著性水平 P 值均为 0.000，均小于 0.050，说明模型 1、模型 2、模型 3 均具备有效性。

以数学学习动机的维度为预测变量，数学创新意识为因变量，进行回归分析，结果见表 9-2-12。

表 9-2-12　数学学习动机的维度对数学创新意识的回归分析[a]

模型		非标准化系数		标准化系数	t	显著性	共线性统计量	
		B	标准误差	Beta			容差	VIF
1	(常量)	2.464	0.139		17.757	0.000		
	认知性动机	0.272	0.038	0.334	7.254	0.000	1.000	1.000
2	(常量)	2.212	0.187		11.805	0.000		
	认知性动机	0.259	0.038	0.318	6.818	0.000	0.969	1.032
	外部动机	0.104	0.053	0.093	1.987	0.048	0.969	1.032
3	(常量)	1.947	0.196		9.938	0.000		
	认知性动机	0.175	0.043	0.214	4.066	0.000	0.733	1.365
	外部动机	0.091	0.052	0.081	1.753	0.080	0.965	1.036
	成就需要	0.180	0.045	0.209	3.977	0.000	0.740	1.352

a. 因变量：数学创新意识。

由表 9 - 2 - 12 可知,数学学习动机的认知性动机维度、成就需要维度对数学创新意识的回归分析显著性 P 值均为 0.000,均小于 0.050,回归模型系数分别为 0.214、0.209,均大于 0,说明认知性动机维度、成就需要维度对数学创新意识具有显著正向影响。外部动机维度对数学创新意识的回归分析显著性 P 值为 0.080,大于 0.050,说明外部动机维度对数学创新意识的影响不显著。数学学习动机的维度对数学创新意识的共线性分析 VIF 值为均小于 5,说明数学学习动机的维度对数学创新意识之间不存在多重共线性。基于回归模型系数,可得数学学习动机的维度对数学创新意识的回归方程为:数学创新意识 = 0.175 × 认知性动机 + 0.180 × 成就需要 + 1.947。

9.2.5 数学创新意识、数学学业成绩对数学学习动机的回归分析

以数学创新意识、数学学业成绩为预测变量,数学学习动机为因变量,进行线性回归分析,得到回归模型见表 9 - 2 - 13。

表 9 - 2 - 13　数学创新意识、数学学业成绩对数学学习动机的模型汇总[c]

模型	R	R^2	调整 R^2	标准估计的误差
1	0.385[a]	0.146	0.148	0.471
2	0.460[b]	0.212	0.208	0.454

a. 预测变量:(常量),数学创新意识。
b. 预测变量:(常量),数学创新意识,数学学业成绩。
c. 因变量:数学学习动机。

由表 9 - 2 - 13 可知,模型 1 的 R^2 值为 0.146,调整 R^2 值为 0.148;模型 2 的 R^2 值为 0.212,调整 R^2 值为 0.208。说明模型 2 的拟合度优于模型 1。

以数学创新意识、数学学业成绩为预测变量,数学学习动机为因变量,进行回归模型显著性检验,结果见表 9 - 2 - 14。

表 9 - 2 - 14　数学创新意识、数学学业成绩对数学学习动机的回归模型显著性检验[a]

模型		平方和	df	均方	F	显著性
1	回归	12.549	1	12.549	54.498	0.000[b]
	残差	96.253	418	0.230		
	总计	108.802	419			

续表

模型		平方和	df	均方	F	显著性
2	回归	23.012	2	11.506	55.928	0.000c
	残差	85.790	417	0.206		
	总计	108.802	419			

a. 因变量:数学学习动机。

b. 预测变量:(常量),数学创新意识。

c. 预测变量:(常量),数学创新意识,数学学业成绩。

由表9-2-14可知,数学创新意识、数学学业成绩对数学学习动机的回归模型显著性水平 P 值均为0.000,均小于0.010,说明模型1、模型2均具备有效性。

以数学创新意识、数学学业成绩为预测变量,数学学习动机为因变量,进行回归分析,结果见表9-2-15。

表9-2-15 数学创新意识、数学学业成绩对数学学习动机的回归分析[a]

模型		非标准化系数		标准化系数	t	显著性	共线性统计量	
		B	标准误差	Beta			容差	VIF
1	(常量)	2.132	0.157		13.563	0.000		
	数学创新意识	0.356	0.048	0.340	7.382	0.000	1.000	1.000
2	(常量)	1.182	0.200		5.924	0.000		
	数学创新意识	0.175	0.052	0.167	3.356	0.001	0.763	1.310
	数学学业成绩	0.015	0.002	0.355	7.131	0.000	0.763	1.310

a. 因变量:数学学习动机。

由表9-2-15可知,数学创新意识、数学学业成绩对数学学习动机的回归分析显著性 P 值分别为0.001、0.000,均小于0.050,回归模型系数分别为

0.167、0.355,均大于 0,说明数学创新意识、数学学业成绩对数学学习动机具有显著正向影响。数学创新意识、数学学业成绩对数学学习动机的共线性分析 VIF 值均小于 5,说明数学创新意识、数学学业成绩对数学学习动机不存在多重共线性。基于回归模型系数,可得数学创新意识、数学学业成绩对数学学习动机的回归方程为:数学学习动机 = 0.175 × 数学创新意识 + 0.015 × 数学学业成绩 + 1.182。

9.2.6 数学学习动机、数学学业成绩对数学创新意识的回归分析

以数学学习动机、数学学业成绩为预测变量,数学创新意识为因变量,进行线性回归分析,得到回归模型见表 9-2-16。

表 9-2-16 数学学习动机、数学学业成绩对数学创新意识的模型汇总[c]

模型	R	R^2	调整 R^2	标准估计的误差
1	0.340[a]	0.115	0.113	0.458
2	0.507[b]	0.257	0.253	0.421

a. 预测变量:(常量),数学学习动机。

b. 预测变量:(常量),数学学习动机,数学学业成绩。

c. 因变量:数学创新意识。

由表 9-2-16 可知,模型 1 的 R^2 值为 0.115,调整 R^2 值为 0.113;模型 2 的 R^2 值为 0.257,调整 R^2 值为 0.253。说明模型 2 的拟合度优于模型 1。

以数学学习动机、数学学业成绩为预测变量,数学创新意识为因变量,进行回归模型显著性检验,结果见表 9-2-17。

表 9-2-17 数学学习动机、数学学业成绩对数学创新意识的回归模型显著性检验[a]

模型		平方和	df	均方	F	显著性
1	回归	11.443	1	11.443	54.498	0.000[b]
	残差	87.770	418	0.210		
	总计	99.214	419			
2	回归	25.460	2	12.730	71.974	0.000[c]
	残差	73.754	417	0.177		
	总计	99.214	419			

a. 因变量:数学创新意识。

b. 预测变量:(常量),数学学习动机

c. 预测变量:(常量),数学学习动机,数学学业成绩。

由表9-2-17可知,数学学习动机、数学学业成绩对数学创新意识的回归模型显著性水平 P 值均为0.000,均小于0.010,说明模型1、模型2均具备有效性。

以数学学习动机、数学学业成绩为预测变量,数学学习动机为因变量,进行回归分析,结果见表9-2-18。

表9-2-18 数学学习动机、数学学业成绩对数学创新意识的回归分析[a]

模型		非标准化系数		标准化系数	t	显著性	共线性统计量	
		B	标准误差	Beta			容差	VIF
1	(常量)	2.162	0.146		14.835	0.000		
	数学学习动机	0.324	0.044	0.340	7.382	0.000	1.000	1.000
2	(常量)	1.010	0.186		5.427	0.000		
	数学学习动机	0.150	0.045	0.157	3.356	0.001	0.810	1.235
	数学学业成绩	0.017	0.002	0.418	8.902	0.000	0.810	1.235

a. 因变量:数学创新意识。

由表9-2-18可知,数学学习动机、数学学业成绩对数学创新意识的回归分析显著性 P 值分别为0.001、0.000,均小于0.050,回归模型系数分别为0.157、0.418,均大于0,说明数学学习动机、数学学业成绩对数学创新意识具有显著正向影响。数学学习动机、数学学业成绩对数学创新意识的共线性分析VIF值均小于5,说明数学学习动机、数学学业成绩对数学创新意识之间不存在多重共线性。基于回归模型系数,可得数学学习动机、数学学业成绩对数学创新意识的回归方程为:数学创新意识=0.150×数学学习动机+0.017×数学学业成绩+1.010。

第10章 感知数学教师支持、成就目标定向与数学学习拖延的关系研究

10.1 感知数学教师支持、成就目标定向与数学学习拖延的相关性研究

对感知数学教师支持、数学成就目标定向与数学学习拖延进行相关分析,结果见表10-1-1。

表10-1-1 感知数学教师支持、数学成就目标定向、数学学习拖延及维度的相关性分析

维度	1 情感支持	2 自主支持	3 认知支持	4.掌握趋近目标	5 掌握回避目标	6 成绩趋近目标	7 成绩回避目标	8 学习计划缺乏	9 学习状态不佳	10 学习行为迟滞	11 学习执行不足
1	1										
2	0.736**	1									
3	0.691**	0.882**	1								
4	0.564**	0.439**	0.406**	1							
5	0.541**	0.179**	0.187**	0.028**	1						
6	0.376**	0.305**	0.282**	0.620**	0.435**	1					
7	-0.164**	-0.681**	-0.693**	0.473**	0.594**	0.272**	1				

续表

维度	1情感支持	2自主支持	3认知支持	4.掌握趋近目标	5掌握回避目标	6成绩趋近目标	7成绩回避目标	8学习计划缺乏	9学习状态不佳	10学习行为迟滞	11学习执行不足
8	-0.204**	-0.157**	-0.175**	-0.259**	0.315**	-0.362**	0.571**	1			
9	-0.228**	-0.155**	-0.188**	-0.267**	0.262**	-0.194**	0.562**	0.886**	1		
10	-0.211**	-0.144**	-0.171**	-0.260**	0.249**	-0.197**	0.552**	0.912**	0.902**	1	
11	-0.162**	-0.162**	-0.197**	-0.227**	0.258**	-0.342**	0.541**	0.899**	0.856**	0.857**	1

注：** 表示在 0.010 级别，相关性显著。

由表 10-1-1 可知，感知数学教师支持、成就目标定向与数学学习拖延两两之间的相关性分析的显著性水平 P 值均为 0.000，均小于 0.050。情感支持与掌握趋近目标、掌握回避目标、成绩趋近目标的相关性系数分别为 0.564、0.541、0.376，均大于 0，说明情感支持与掌握趋近目标、掌握回避目标、成绩趋近目标之间存在显著的正相关关系；情感支持与成绩回避目标的相关性系数为 -0.164，小于 0，说明情感支持与成绩回避目标之间存在显著的负相关关系。情感支持与学习计划缺乏、学习状态不佳、学习行为迟滞、学习执行不足的相关性系数分别为 -0.204、-0.228、-0.211、-0.162，均小于 0，说明情感支持与学习计划缺乏、学习状态不佳、学习行为迟滞、学习执行不足之间存在显著的负相关关系。

自主支持与掌握趋近目标、掌握回避目标、成绩趋近目标的相关性系数分别为 0.439、0.179、0.305，均大于 0，说明自主支持与掌握趋近目标、掌握回避目标、成绩趋近目标之间存在显著的正相关关系。自主支持与成绩回避目标的相关性系数为 -0.681，小于 0，说明自主支持与成绩回避目标之间存在显著的负相关关系。自主支持与学习计划缺乏、学习状态不佳、学习行为迟滞、学习执行力不足的相关性系数为 -0.157、-0.155、-0.144、-0.162，均小于 0，说明自主支持与学习计划缺乏、学习态度不佳、学习行为迟滞、学习执行力不足之间存在显著的负相关关系。

认知支持与掌握趋近目标、掌握回避目标、成绩趋近目标的相关性系数分别为 0.406、0.187、0.282，均大于 0，说明认知支持与掌握趋近目标、掌握回避目标、成绩趋近目标之间存在显著的正相关关系。认知支持与成绩回避目标的相关性系数为 -0.693，小于 0，说明认知支持与成绩回避目标之间存在显著的负相关关系。认知支持与学习计划缺乏、学习状态不佳、学习行为迟滞、学习执行不足的相关性系数分别为 -0.175、-0.188、-0.171、-0.197，均小于 0，说明认知支持与学习计划缺乏、学习状态不佳、学习行为迟滞、学习执行不足之间存在显著的负相关关系。

掌握趋近目标与学习计划缺乏、学习状态不佳、学习行为迟滞、学习执行不足的相关性系数分别为 -0.259、-0.267、-0.260、-0.227，均小于 0，说明掌握趋近目标与学习计划缺乏、学习状态不佳、学习行为迟滞、学习执行不足之间存在显著的负相关关系。掌握回避目标与学习计划缺乏、学习状态不佳、学习行为迟滞、学习执行不足的相关性系数分别为 0.315、0.262、0.249、0.258，均大于 0，说明掌握回避目标与学习计划缺乏、学习状态不佳、学习行为迟滞、学习执行不足之间存在显著的正相关关系。成绩趋近目标与学习计划缺乏、学习状态不佳、学习行为迟滞、学习执行不足的相关性系数分别为 -0.362、-0.194、-0.197、-0.342，均小于 0，说明成绩趋近目标与学习计划缺乏、学习状态不佳、学习行为迟滞、学习执行不足之间存在显著的负相关关系。成绩回避目标与学习计划缺乏、学习状态不佳、学习行为迟滞、学习执行不足的相关性系数分别为 0.571、0.562、0.552、0.541，均大于 0，说明成绩回避目标与学习计划缺乏、学习状态不佳、学习行为迟滞、学习执行不足之间存在显著的正相关关系。

10.2　感知数学教师支持、成就目标定向与数学学习拖延的回归分析

上述的相关性分析只能说明感知数学教师支持的维度以及数学成就目标定向的维度与数学学习拖延的维度之间是否具有显著的相关性，并不能具体呈现出感知数学教师支持的维度以及数学成就目标定向的维度是如何对数学学习拖延造成的影响的。因此，采用分层回归的方法，以性别、年级、是否担任学生干部、家庭所在地作为控制变量，分别以感知数学教师支持的情感支持、自主

支持、认知支持三个维度和掌握趋近目标、掌握回避目标、成绩趋近目标、成绩回避目标为自变量,数学学习拖延作为因变量,探索感知数学教师支持的各维度、掌握趋近目标、掌握回避目标、成绩趋近目标、成绩回避目标对数学学习拖延的直接影响作用。

10.2.1 感知教师支持的维度对数学学习拖延的回归分析

为了验证感知数学教师支持对数学学习拖延的影响程度,建立模型1a和模型1b。模型1a以控制变量进入回归方程,分析控制变量对数学学习拖延的影响,模型1b以控制变量和感知数学教师支持的维度情感支持、自主支持、认知支持三个进入方程,分析感知数学教师支持的维度对数学学习拖延的影响,结果见表10-2-1。

表10-2-1 感知数学教师支持的维度对数学学习拖延的回归分析

预测变量	模型1a β	模型1a t	模型1b β	模型1b t
性别	0.013	0.345	0.009	0.254
年级	0.114	3.020**	0.110	2.954**
是否担任学生干部	0.210	5.521**	0.177	4.655**
家庭所在地	-0.053	-1.405	-0.052	-1.395
情感支持			-0.273	-3.130**
自主支持			-0.234	-1.590
认知支持			-0.251	-1.912
F	11.798**		10.475**	
R^2	0.067		0.202	

注:**表示在0.010级别,相关性显著。

由表10-2-1可知,模型1a、模型1b的F值分别为11.798、10.475,回归模型显著性水平P值均小于0.010,说明模型1a、模型1b均通过F检验。其中,模型1a的R^2值为0.067,说明控制变量能够预测数学学习拖延6.7%的变异量;模型1b的R^2值为0.202,说明感知教师支持的维度能够预测数学学习拖延20.2%的变异量。以上分析结果表明,感知数学教师支持的维度对数学学习拖延具有显著负向影响。

10.2.2 数学成就目标定向的维度对数学学习拖延的回归分析

1. 掌握趋近目标对数学学习拖延的回归分析

为了验证掌握趋近目标维度对数学学习拖延的影响程度,建立模型 2a 和模型 2b。模型 2a 以控制变量进入回归方程,分析控制变量对数学学习拖延的影响,模型 2b 以控制变量和掌握趋近目标维度进入方程,分析掌握趋近目标维度对数学学习拖延的影响,结果见表 10 - 2 - 2。

表 10 - 2 - 2 掌握趋近目标维度对数学学习拖延的回归分析

预测变量	模型 2a		模型 2b	
	β	t	β	t
性别	0.013	0.345	0.001	0.035
年级	0.114	3.020**	0.099	2.694**
是否担任学生干部	0.210	5.521**	0.185	4.980**
家庭所在地	-0.053	-1.405	-0.053	-1.440
掌握趋近目标			-0.539	-6.509**
F	11.798**		18.501**	
R^2	0.067		0.362	

注:** 表示在 0.010 级别,相关性显著。

由表 10 - 2 - 2 可知,模型 2a、模型 2b 的 F 值分别为 11.798、18.501,回归模型显著性水平 P 值均小于 0.010,说明模型 2a、模型 2b 均通过 F 检验。其中,模型 2a 的 R^2 值为 0.067,说明控制变量能够预测数学学习拖延 6.7% 的变异量;模型 2b 的 R^2 值为 0.362,说明掌握趋近目标维度能够预测数学学习拖延 36.2% 的变异量。以上分析结果表明,掌握趋近目标维度对数学学习拖延具有显著负向影响。

2. 掌握回避目标维度对数学学习拖延的回归分析

为了验证掌握回避目标维度的影响程度,建立模型 3a 和模型 3b。模型 3a 以控制变量进入回归方程,分析控制变量对数学学习拖延的影响,模型 3b 以控制变量和掌握回避目标维度进入方程,分析掌握回避目标维度对数学学习拖延的影响,结果见表 10 - 2 - 3。

表10-2-3 掌握回避目标维度对数学学习拖延的回归分析

预测变量	模型3a		模型3b	
	β	t	β	t
性别	0.013	0.345	0.009	0.259
年级	0.114	3.020**	0.126	3.480**
是否担任学生干部	0.210	5.521**	0.202	5.526**
家庭所在地	-0.053	-1.405	-0.045	-1.229
掌握回避目标			0.381	7.803**
F	11.798**		22.471**	
R^2	0.067		0.439	

注：** 表示在0.010级别，相关性显著。

由表10-2-3可知，模型3a、模型3b的F值分别为11.798、22.471，回归模型的显著性水平P值均小于0.010，说明模型3a、模型3b均通过F检验。其中，模型3a的R^2值为0.067，说明控制变量能够预测数学学习拖延6.7%的变异量；模型3b的R^2值为0.439，说明掌握回避目标维度能够预测数学学习拖延43.9%的变异量。以上分析结果表明，掌握回避目标维度对数学学习拖延具有显著正向影响。

3. 成绩趋近目标维度对数学学习拖延的回归分析

为了验证成绩趋近目标维度对数学学习拖延的影响程度，建立模型4a和模型4b。模型4a以控制变量进入回归方程，分析控制变量对数学学习拖延的影响，模型4b以控制变量和成绩趋近目标维度进入方程，分析成绩趋近目标维度对数学学习拖延的影响，结果见表10-2-4。

表10-2-4 成绩趋近目标维度对数学学习拖延的回归分析

预测变量	模型4a		模型4b	
	β	t	β	t
性别	0.013	0.345	0.014	0.035
年级	0.114	3.020**	0.115	2.694**

续表

预测变量	模型4a		模型4b	
	β	t	β	t
是否担任学生干部	0.210	5.521**	0.213	4.980**
家庭所在地	-0.053	-1.405	-0.054	-1.440
成绩趋近目标			-0.353	-1.674**
F	11.798**		9.522**	
R^2	0.067		0.184	

注：** 表示在 0.010 级别，相关性显著。

由表 10-2-4 可知，模型 4a、模型 4b 的 F 值分别为 11.798、9.522，回归模型的显著性水平 P 值均小于 0.010，说明模型 4a、模型 4b 均通过 F 检验。其中，模型 4a 的 R^2 值为 0.067，说明控制变量能够预测数学学习拖延 6.7% 的变异量；模型 4b 的 R^2 值为 0.184，说明成绩趋近目标维度能够预测数学学习拖延 18.4% 的变异量。以上分析结果表明，成绩趋近目标维度对数学学习拖延存在显著负向影响。

4. 成绩回避目标维度对数学学习拖延的回归分析

为了验证成绩回避目标维度对数学学习拖延的影响程度，建立模型 5a 和模型 5b。模型 5a 以控制变量进入回归方程，分析控制变量对数学学习拖延的影响，模型 5b 以控制变量和成绩回避目标维度进入方程，分析成绩回避目标维度对数学学习拖延的影响，结果见表 10-2-5。

表 10-2-5　成绩回避目标维度对数学学习拖延的回归分析

预测变量	模型5a		模型5b	
	β	t	β	t
性别	0.013	0.345	0.015	0.482
年级	0.114	3.020**	0.110	3.520**
是否担任学生干部	0.210	5.521**	0.104	3.238**
家庭所在地	-0.053	-1.405	-0.017	-0.550

续表

预测变量	模型 5a		模型 5b	
	β	t	β	t
成绩回避目标			0.557	17.528**
F	11.798**		75.249**	
R^2	0.067		0.796	

注：** 表示在 0.010 级别，相关性显著。

由表 10-2-5 可知，模型 5a、模型 5b 的 F 值分别为 11.798、75.249，回归模型的显著性水平 P 值均小于 0.010，说明模型 5a、模型 5b 均通过 F 检验。其中，模型 5a 值为 0.067，说明控制变量能够预测数学学习拖延 6.7% 的变异量；模型 5b 的 R^2 值为 0.796，说明成绩回避目标维度能够预测数学学习拖延 79.6% 的变异量。以上分析结果表明，成绩回避目标维度对数学学习拖延具有显著正向影响。

10.3 感知数学教师支持在成就目标定向与数学学习拖延之间的中介效应分析

回归分析对剖析多个变量之间的关系还不够深入，需对感知数学教师支持、数学成就目标定向和数学学习拖延之间是否存在中介作用进行检验和分析。在满足中介效应检验的基本条件下，采用偏差校正的百分位 Bootstrap 法，计算 95% 的置信区间，如果该区间不包括 0，则说明中介效应显著。

10.3.1 感知教师支持对数学学习拖延的直接效应检验

首先，检验感知数学教师支持对数学学习拖延的直接效应。构建感知数学教师支持与数学学习拖延的直接效应路径模型，见图 10-3-1。进一步对感知数学教师支持对数学学习拖延的直接效应模型路径进行检验，结果见表 10-3-1。

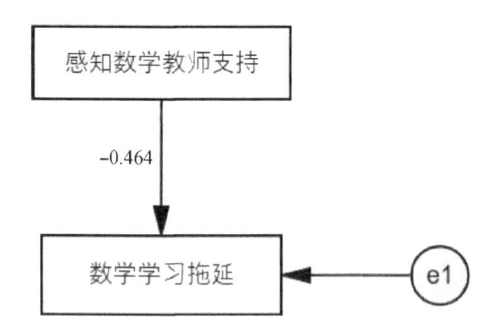

图 10-3-1 感知数学教师支持对数学学习拖延的直接效应路径模型

表 10-3-1 感知数学教师支持对数学学习拖延的直接效应模型路径检验

路径	非标准化估计值	标准化估计值	S.E.	C.R.	显著性
感知数学教师支持→数学学习拖延	-0.283	-0.464	0.100	11.091	***

注：*** 表示 $P<0.001$。

由表 10-3-1 可知，感知数学教师支持对数学学习拖延的标准化因子载荷量为 -0.464，感知数学教师支持对数学学习拖延的直接效应模型路径检验显著性水平 P 值小于 0.001，说明感知数学教师支持对数学学习拖延存在显著负向直接影响作用。

10.3.2 数学成就目标定向的维度的中介效应检验

1. 掌握趋近目标维度的中介效应检验

为了检验掌握趋近目标维度的中介效应，构建以掌握趋近目标维度为中介变量的路径模型，见图 10-3-2。

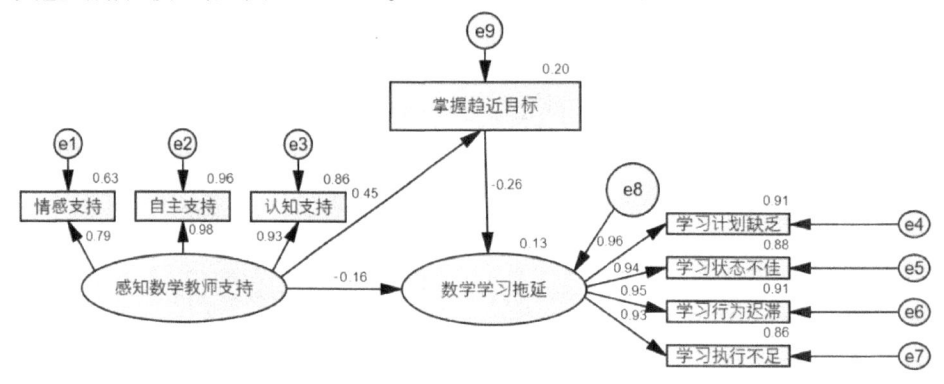

图 10-3-2 掌握趋近目标维度的中介效应路径模型

该模型拟合结果：χ^2/df 值为 3.891，小于 5，RMSEA 值为 0.078，小于 0.080，IFI 值、TLI 值、CFI 值分别为 0.975、0.961、0.975，均大于 0.9，说明模型的各项拟合指数均达到可接受的标准。

掌握趋近目标维度的中介效应模型路径系数统计及偏差校正非参数百分比 Bootstrap 检验的结果，见表 10-3-2、表 10-3-3。

表 10-3-2　掌握趋近目标维度的中介效应模型路径检验

路径	非标准化系数	标准化系数	S.E.	C.R.	显著性
感知数学教师支持→掌握趋近目标	0.423	0.452	0.058	7.277	***
感知数学教师支持→数学学习拖延	-0.209	-0.164	0.091	-2.300	***
掌握趋近目标→数学学习拖延	-0.366	-0.262	0.095	-3.844	***

注：*** 表示 $P<0.001$。

表 10-3-3　掌握趋近目标维度的中介效应分析

统计量	效应值	Boot CI 下限 95% 置信区间	显著性	效应占比
间接效应	-0.155	[-0.284, -0.070]	0.000	42.6%
直接效应	-0.209	[-0.369, -0.015]	0.040	57.4%
总效应	-0.364	[-0.543, -0.208]	0.001	100%

由表 10-3-2、表 10-3-3 可知，感知数学教师支持与数学学习拖延的中介效应显著性水平 P 值小于 0.001，路径系数为 -0.164。在路径"感知数学教师支持→掌握趋近目标→数学学习拖延"中，感知数学教师支持与掌握趋近目标维度、掌握趋近目标维度与数学学习拖延的中介效应显著性水平 P 值均小于 0.001，路径系数分别为 0.452、-0.262。直接效应占比为 57.4%，置信区间为 [-0.369, -0.015]，且置信区间不包括 0，说明掌握趋近目标这一变量加入后，感知数学教师支持显著负向影响数学学习拖延。间接效应值为 -0.155，效应占比为 42.6%，置信区间为 [-0.284, -0.070]，且置信区间不包括 0；掌握趋近目标中介模型的总中介效应值为 -0.364，置信区间为 [-0.543, -0.208]，且置

信区间不包括0。以上分析表明,感知数学教师支持不仅直接对数学学习拖延产生影响,而且感知数学教师支持以掌握趋近目标维度为中介变量对数学学习拖延产生间接影响。

2. 掌握回避目标维度的中介效应检验

为了检验掌握回避目标维度的中介效应,构建以掌握回避目标维度为中介变量的路径模型,见图10-3-3。

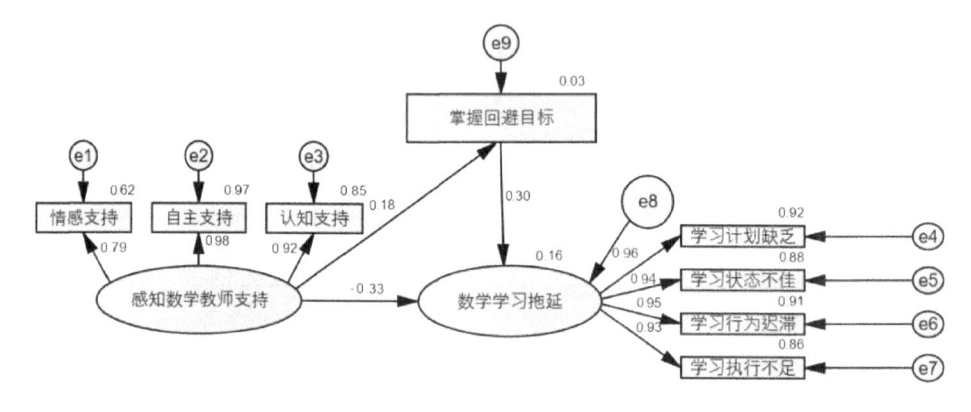

图10-3-3 掌握回避目标维度的中介效应路径模型

该模型拟合结果:χ^2/df值为2.517,小于5,RMSEA值为0.069,小于0.080,IFI值、TLI值、CFI值分别为0.987、0.979、0.987,均大于0.9,说明模型的各项拟合指数均达到可接受的标准。

掌握回避目标维度的中介效应模型路径系数统计及偏差校正非参数百分比Bootstrap检验的结果,见表10-3-4、表10-3-5。

表10-3-4 掌握回避目标维度的中介效应模型路径检验

路径	非标准化系数	标准化系数	S.E.	C.R.	显著性
感知数学教师支持→掌握回避目标	0.188	0.184	0.065	2.874	***
感知数学教师支持→数学学习拖延	-0.437	-0.332	0.084	-5.209	***
掌握回避目标→数学学习拖延	0.393	0.303	0.079	4.997	***

注:*** 表示 $P<0.001$。

表10-3-5　掌握回避目标维度的中介效应分析

路径	效应值	Boot CI 95%置信区间	显著性
间接效应	0.063	[0.018, 0.161]	0.006
直接效应	-0.437	[-0.618, -0.290]	0.000
总效应	-0.374	[-0.545, -0.207]	0.001

由表10-3-4、表10-3-5可知,感知数学教师支持与数学学习拖延的中介效应显著性水平 P 值小于0.001,路径系数为-0.437;在路径"感知数学教师支持→掌握回避目标→数学学习拖延"中,感知数学教师支持与掌握回避目标维度、掌握回避目标维度与数学学习拖延的中介效应显著性水平 P 值均小于0.001,路径系数分别为0.184、0.303。直接效应置信区间为[-0.618,-0.290],且置信区间不包括0,说明掌握回避目标这一变量加入后,感知数学教师支持显著负向影响数学学习拖延。间接效应值为0.063,置信区间为[0.018,0.161],且置信区间不包括0;掌握回避目标维度中介模型的总中介效应值为-0.374,置信区间为[-0.545,-0.207],且置信区间不包括0。说明感知数学教师支持不仅直接对数学学习拖延产生影响,而且感知数学教师支持以掌握回避目标维度为中介变量对数学学习拖延产生间接影响。

3. 成绩趋近目标维度的中介效应检验

为了检验成绩趋近目标维度的中介效应,构建以掌握回避目标维度为中介变量的路径模型,见图10-3-4。

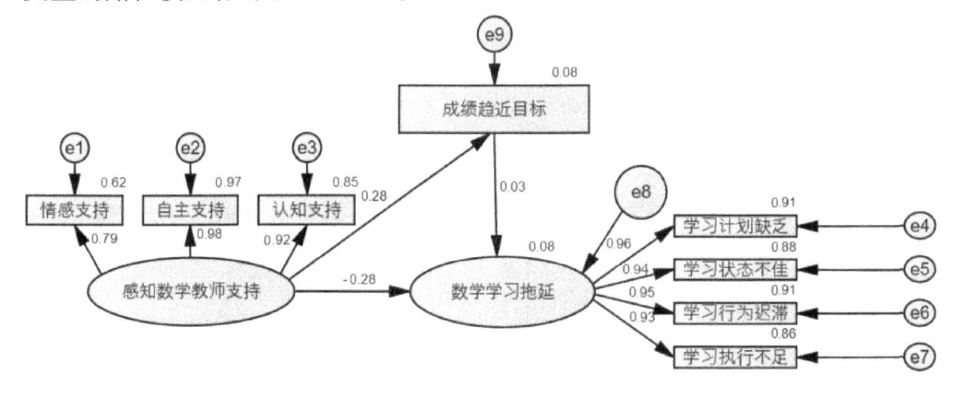

图10-3-4　成绩趋近目标维度的中介效应路径模型

该模型拟合结果：χ^2/df 值为 2.409，小于 5，RMSEA 值为 0.076，小于 0.080。IFI 值、TLI 值、CFI 值分别为 0.988、0.981、0.987，均大于 0.9，模型的各项拟合指数均达到可接受的标准。

成绩趋近目标维度的中介效应模型路径系数统计及偏差校正非参数百分比 Bootstrap 检验的结果，见表 10-3-6、表 10-3-7。

表 10-3-6　成绩趋近目标维度的中介效应模型路径检验

路径	非标准化系数	标准化系数	S.E.	C.R.	显著性
感知数学教师支持→成绩趋近目标	0.267	0.275	0.062	4.324	***
感知数学教师支持→数学学习拖延	-0.373	-0.284	0.089	-4.214	***
成绩趋近目标→数学学习拖延	0.039	0.029	0.039	0.441	***

注：*** 表示 $P<0.001$。

表 10-3-7　成绩趋近目标维度的中介效应分析

路径	效应值	Boot CI 95%置信区间	显著性
间接效应	0.051	[0.015, 0.073]	0.020
直接效应	-0.373	[-0.556, -0.223]	0.000
总效应	-0.322	[-0.543, -0.206]	0.001

由表 10-3-6、表 10-3-7 可知，感知数学教师支持与数学学习拖延的中介效应显著性水平 P 值小于 0.001，路径系数为 -0.284；在路径"感知数学教师支持→成绩趋近目标→数学学习拖延"中，感知数学教师支持与成绩趋近目标维度、成绩趋近目标维度与数学学习拖延的中介效应显著性水平 P 值均小于 0.010，路径系数分别为 0.275、0.029。直接效应置信区间为 [-0.556, -0.223]，且置信区间不包括 0，说明成绩趋近目标这一变量加入后，感知数学教师支持显著负向影响数学学习拖延。间接效应值为 0.063，置信区间为 [0.015, 0.073]，且置信区间不包括 0；成绩趋近目标维度中介模型的总中介效应值为 -0.374，置信区间为 [-0.543, -0.206]，且置信区间不包括 0。说明感知数学教师支持不仅

直接对数学学习拖延产生影响,而且感知数学教师支持以成绩趋近目标维度为中介变量对数学学习拖延产生间接影响。

4. 成绩回避目标的中介效应检验

为了检验成绩回避目标维度的中介效应,构建以成绩回避目标维度为中介变量的路径模型,见图10-3-5。

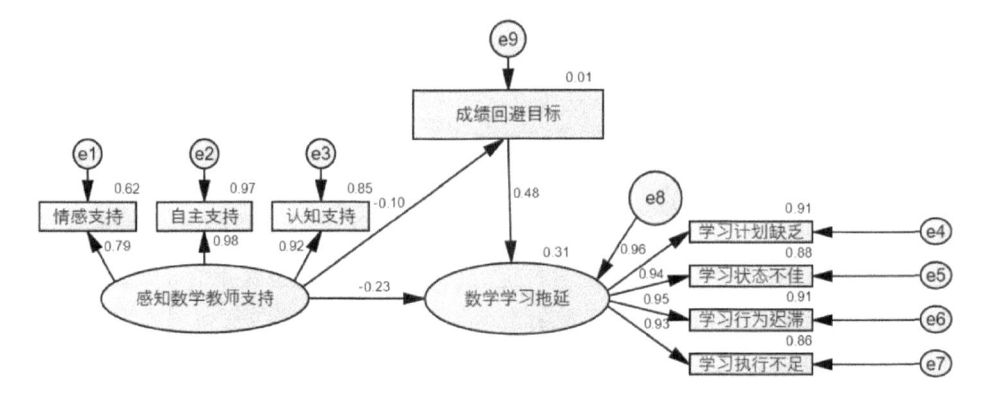

图10-3-5 成绩回避目标维度的中介效应路径模型

该模型拟合结果:χ^2/df值为2.103,小于5,RMSEA值为0.067,小于0.080。IFI值、TLI值、CFI值分别为0.990、0.985、0.990,均大于0.9,模型的各项拟合指数均达到可接受的标准。

成绩回避目标维度的中介效应模型路径系数统计及偏差校正非参数百分比Bootstrap检验的结果,见表10-3-8、表10-3-9。

表10-3-8 成绩回避目标维度的中介效应模型路径检验

路径	非标准化系数	标准化系数	S.E.	C.R.	显著性
感知数学教师支持→成绩回避目标	-0.111	-0.099	0.072	-1.537	***
感知数学教师支持→数学学习拖延	-0.300	-0.228	0.074	-4.036	***
成绩回避目标→数学学习拖延	0.569	0.484	0.065	8.793	***

注:***表示$P<0.001$。

表 10-3-9　成绩回避目标维度的中介效应分析

路径	效应值	Boot CI 95%置信区间	显著性
间接效应	-0.063	[0.017, 0.026]	0.030
直接效应	-0.300	[-0.556, -0.223]	0.001
总效应	-0.363	[-0.543, -0.206]	0.000

由表 10-3-8、表 10-3-9 可知,感知数学教师支持与数学学习拖延的中介效应显著性水平 P 值小于 0.001,路径系数为 -0.228;在路径"感知数学教师支持→成绩回避目标→数学学习拖延"中,感知数学教师支持与成绩回避目标维度、成绩回避目标维度与数学学习拖延的中介效应显著性水平 P 值均小于 0.050,路径系数分别为 -0.099、0.484。

直接效应置信区间为 [-0.556, -0.223],且置信区间不包括 0,说明成绩回避目标这一变量加入后,感知数学教师支持显著负向影响数学学习拖延。间接效应值为 -0.063,置信区间为 [0.017, 0.026],且置信区间不包括 0;成绩回避目标维度中介模型的总中介效应值为 -0.363,置信区间为 [-0.543, -0.206],且置信区间不包括 0。说明感知数学教师支持不仅直接对数学学习拖延产生影响,而且感知数学教师支持以成绩回避目标维度为中介变量对数学学习拖延产生间接影响。

第11章 数学认知负荷、心理复原力的关系研究

11.1 数学认知负荷、心理复原力的相关性研究

11.1.1 数学认知负荷、心理复原力的相关性分析

对数学认知负荷、心理复原力进行相关性分析,结果见表11-1-1。

表11-1-1 数学认知负荷、心理复原力的相关性分析

	统计量	心理复原力
数学认知负荷	Pearson 相关性	0.531**
	显著性	0.000

注:** 表示在0.010级别,相关性显著。

由表11-1-1可知,数学认知负荷、心理复原力的相关性分析的显著性水平 P 值为0.000,小于0.050,相关性系数为0.531,大于0,说明数学认知负荷与心理复原力之间存在显著的正相关关系。

11.1.2 数学认知负荷的维度、心理复原力的相关性分析

数学认知负荷的维度(内在认知负荷、外在认知负荷、相关认知负荷)、心理复原力的相关性分析结果,见表11-1-2。

表 11-1-2　数学认知负荷的维度、心理复原力的相关性分析

	统计量	内在认知负荷	外在认知负荷	相关认知负荷
心理复原力	Pearson 相关性	0.425**	0.541**	0.574**
	显著性	0.000	0.000	0.000

注：** 表示在 0.010 级别,相关性显著。

由表 11-1-2 可知,数学认知负荷的内在认知负荷维度、外在认知负荷维度、相关认知负荷维度与心理复原力的相关性分析的显著性水平 P 值均为 0.000,均小于 0.050,相关性系数分别为 0.425、0.541、0.574,均大于 0,说明数学认知负荷的维度与心理复原力之间存在显著的正相关关系。

11.1.3　心理复原力的维度、数学认知负荷的相关性分析

心理复原力的维度(自我效能、问题解决、合作与交流、目标与渴望、自我意识)、数学认知负荷的相关性分析结果,见表 11-1-3。

表 11-1-3　心理复原力的维度、数学认知负荷的相关性分析

	统计量	自我效能	问题解决	合作与交流	目标与渴望	自我意识
数学认知负荷	Pearson 相关性	0.219**	0.205**	0.295**	0.993**	0.423**
	显著性	0.000	0.000	0.000	0.000	0.000

注：** 表示在 0.010 级别,相关性显著。

由表 11-1-3 可知,心理复原力的自我效能维度、问题解决维度、合作与交流维度、目标与渴望维度、自我意识维度与数学认知负荷的相关性分析的显著性水平 P 值均为 0.000,均小于 0.050,相关性系数分别为 0.219、0.205、0.295、0.993、0.432,均大于 0,说明心理复原力的维度与数学认知负荷之间存在显著的正相关关系。

11.2 数学认知负荷、心理复原力的回归分析

11.2.1 心理复原力对数学认知负荷的回归分析

为进一步探讨数学认知负荷与心理复原力之间的相互影响程度,以心理复原力为预测变量,数学认知负荷为因变量,进行回归模型显著性检验,结果见表 11-2-1。

表 11-2-1 心理复原力对数学认知负荷的回归模型显著性检验[a]

模型		平方和	df	均方	F	显著性
1	回归	70.532	1	71.356	254.358	0.000[b]
	残差	20.437	446	0.364		
	总计	90.969	447			

a. 因变量:数学认知负荷。

b. 预测变量:(常量),心理复原力。

由表 11-2-1 可知,心理复原力对数学认知负荷的回归模型显著性水平 P 值为 0.000,小于 0.010,说明该回归模型具备有效性。

利用回归系数中的 t 检验可得出心理复原力(预测变量)与数学认知负荷(因变量)之间存在的回归方程,相应的回归分析结果见表 11-2-2。

表 11-2-2 心理复原力对数学认知负荷的回归分析[a]

模型		非标准化系数		标准化系数	t	显著性
		B	标准误差	Beta		
1	(常量)	0.921	0.136		5.342	0.000
	心理复原力	0.635	0.031	0.582	14.367	0.000

a. 因变量:数学认知负荷。

由表 11-2-2 可知,心理复原力对数学认知负荷的回归分析显著性水平 P 值为 0.000,小于 0.050,回归模型系数为 0.582,大于 0,说明心理复原力对数学

认知负荷具有显著正向影响。基于回归模型系数,可得心理复原力对数学认知负荷的回归方程为:数学认知负荷 = 0.635 × 心理复原力 + 0.921。

11.2.2 数学认知负荷对心理复原力的回归分析

以数学认知负荷为预测变量,心理复原力为因变量,进行回归模型显著性检验,结果见表 11 - 2 - 3。

表 11 - 2 - 3　数学认知负荷对心理复原力的回归模型显著性检验[a]

模型		平方和	df	均方	F	显著性
1	回归	50.346	1	54.878	244.768	0.000[b]
	残差	91.368	447	0.224		
	总计	141.714	448			

a. 因变量:心理复原力。

b. 预测变量:(常量),数学认知负荷。

由表 11 - 2 - 3 可知,数学认知负荷对心理复原力的回归模型显著性水平 P 值为 0.000,小于 0.010,说明该回归模型具备有效性。

利用回归系数中的 t 检验可得出数学认知负荷(预测变量)与心理复原力(因变量)之间存在的回归方程,相应的回归分析结果见表 11 - 2 - 4。

表 11 - 2 - 4　数学认知负荷对心理复原力的回归分析[a]

模型		非标准化系数		标准化系数	t	显著性
		B	标准误差	Beta		
1	(常量)	1.364	0.116		5.342	0.000
	数学认知负荷	0.573	0.041	0.682	14.367	0.000

a. 因变量:心理复原力。

由表 11 - 2 - 4 可知,数学认知负荷对心理复原力的回归分析显著性水平 P 值为 0.000,小于 0.050,回归模型系数为 0.682,大于 0,说明数学认知负荷对心理复原力具有显著正向影响。基于回归模型系数,可得数学认知负荷对心理复原力的回归方程为:心理复原力 = 0.573 × 数学认知负荷 + 1.364。

11.2.3 数学认知负荷的维度对心理复原力的回归分析

以数学认知负荷的维度为预测变量,心理复原力为因变量,进行回归模型显著性检验,结果见表11-2-5。

表11-2-5 数学认知负荷的维度对心理复原力的回归模型显著性检验[a]

模型		平方和	df	均方	F	显著性
1	回归	42.532	1	42.532	180.468	0.000[b]
	残差	101.346	441	0.253		
	总计	143.878	442			
2	回归	53.254	2	25.524	134.356	0.000[c]
	残差	113.583	440	0.243		
	总计	143.878	442			
3	回归	56.467	3	20.463	94.623	0.000[d]
	残差	92.468	439	0.241		
	总计	143.878	442			

a. 因变量:心理复原力。
b. 预测变量:(常量),数学内在认知负荷。
c. 预测变量:(常量),数学内在认知负荷,数学外在认知负荷。
d. 预测变量:(常量),数学内在认知负荷,数学外在认知负荷,数学相关认知负荷。

由表11-2-5可知,模型1、模型2、模型3的回归模型显著性水平 P 值均为0.000,均小于0.050,说明这三个模型均具备有效性。

以数学认知负荷的维度为预测变量,心理复原力为因变量,进行回归分析,结果见表11-2-6。

表11-2-6 数学认知负荷的维度对心理复原力的回归分析[a]

模型		非标准化系数		标准化系数	t	显著性
		B	标准误差	Beta		
1	(常量)	1.921	0.136		5.342	0.000
	数学内在认知负荷	0.635	0.031	0.582	14.367	0.000

续表

模型		非标准化系数		标准化系数	t	显著性
		B	标准误差	Beta		
2	(常量)	1.582	0.036		2.639	0.000
	数学内在认知负荷	0.254	0.183	0.254	6.394	0.000
	数学外在认知负荷	0.263	0.037	0.183	12.482	0.000
3	(常量)	1.728	0.183		6.382	0.000
	数学内在认知负荷	0.128	0.041	0.139	2.724	0.000
	数学外在认知负荷	0.152	0.025	0.149	2.832	0.001
	数学相关认知负荷	0.273	0.032	0.183	4.297	0.014

a. 因变量：心理复原力。

由表11-2-6可知，数学认知负荷的维度对心理复原力的回归分析显著性水平 P 值分别为0.000、0.001、0.014，均小于0.050，回归模型系数分别为0.139、0.149、0.183，均大于0，说明数学认知负荷的维度对心理复原力具有显著正向影响。基于回归模型系数，可得数学认知负荷的维度对心理复原力的回归方程为：心理复原力 = 0.128×数学内在认知负荷 + 0.152×数学外在认知负荷 + 0.273×数学相关认知负荷 + 1.728。

11.2.4 心理复原力的维度对数学认知负荷的回归分析

以心理复原力的维度为预测变量，数学认知负荷为因变量，进行回归模型显著性检验，结果见表11-2-7。

表11-2-7 心理复原力的维度对数学认知负荷的回归模型显著性检验[a]

模型		平方和	df	均方	F	显著性
1	回归	70.532	1	71.356	254.358	0.000[b]
	残差	120.437	446	0.364		
	总计	190.969	447			

a. 因变量:数学认知负荷。

b. 预测变量:(常量),自我效能、问题解决、合作与交流、自我意识、目标与渴望。

由表11-2-7可知,心理复原力的维度对数学认知负荷的回归模型显著性水平 P 值为0.000,小于0.050,说明该回归模型具备有效性。

以心理复原力为预测变量,数学认知负荷为因变量,进行回归分析,结果见表11-2-8。

表11-2-8 心理复原力的维度对数学认知负荷的回归分析[a]

模型		非标准化系数		标准化系数	t	显著性
		B	标准误差	Beta		
1	(常量)	0.321	0.136		5.342	0.000
	自我效能	0.035	0.003	0.582	14.367	0.000
	问题解决	0.004	0.003	0.003	0.934	0.000
	合作与交流	0.005	0.003	0.005	0.937	0.673
	自我意识	0.035	0.035	0.035	0.007	0.347
	目标与渴望	0.738	0.003	0.839	198.243	0.00

a. 因变量:数学认知负荷。

由表11-2-8可知,心理复原力的自我效能感维度、问题解决维度、目标与渴望维度对数学认知负荷的回归分析显著性水平 P 值均为0.000,均小于0.050,回归模型系数分别为0.582、0.003、0.839,均大于0,说明自我效能感维度、问题解决维度、目标与渴望维度对数学认知负荷具有显著正向影响。合作与交流维度、自我意识维度对数学认知负荷的回归分析显著性水平 P 值分别为0.673、0.347,均大于0.050,说明合作与交流维度、自我意识维度对数学认知负荷的影响不显著。基于回归模型系数,可得心理复原力的维度对数学认知负荷的回归方程为:数学认知负荷 = 0.035 × 自我效能 + 0.004 × 问题解决 + 0.738 × 目标与渴望 + 0.321。